融合教育
实践指南

影子老师操作手册

上海游语教育科技有限公司 — 著

戴玉蓉 朱霖丽 — 执笔

上海交通大学出版社
SHANGHAI JIAO TONG UNIVERSITY PRESS

内容提要

　　本书基于融合教育发展背景和游语影子老师项目的实践情况，从特需儿童个体、家庭、学校、社会四个方面梳理了影子老师在融合教育中的具体举措，不仅有理论作为支撑，还有案例分析、评估报告等一线经验总结，是一本针对性高、可操作性强的指导手册。

图书在版编目（CIP）数据

融合教育实践指南：影子老师操作手册 / 上海游语教育
科技有限公司著. —上海：上海交通大学出版社，2018(2023 重印)
ISBN 978 - 7 - 313 - 20101 - 0

Ⅰ.①融…　Ⅱ.①上…　Ⅲ.①特殊教育-师资培训-教材
Ⅳ.①G760

中国版本图书馆 CIP 数据核字(2018)第 199438 号

融合教育实践指南——影子老师操作手册

著　　者：上海游语教育科技有限公司
出版发行：上海交通大学出版社　　　　　　地　　址：上海市番禺路 951 号
邮政编码：200030　　　　　　　　　　　　电　　话：021 - 64071208
印　　刷：上海万卷印刷股份有限公司　　　经　　销：全国新华书店
开　　本：710mm×1000mm　1/16　　　　印　　张：17.25
字　　数：288 千字
版　　次：2018 年 8 月第 1 版　　　　　　印　　次：2023 年 11 月第 5 次印刷
书　　号：ISBN 978 - 7 - 313 - 20101 - 0
定　　价：200.00 元

目　　录

第一部分　一起来了解游语影子老师项目

一、游语影子老师项目背景及发展 ······· 002

二、影子老师的概念、意义、职责与资质 ······· 006

    1. 何为影子老师 ······· 006

    2. 为什么需要影子老师 ······· 006

    3. 影子老师的职责 ······· 007

    4. 影子老师的资质 ······· 008

三、影子老师沟通与协作的原则 ······· 012

    1. 沟通的原则 ······· 012

    2. 协作的原则 ······· 014

四、生态系统理论下的影子老师团队合作模式 ······· 015

第二部分　融合教育的理论与实践

一、融合教育是什么？ ······· 020

二、我国融合教育的现状如何？ ······· 021

三、我国融合教育相关的入学政策支持有哪些？ ······· 023

    1. 学前阶段 ······· 023

    2. 义务教育阶段 ······· 025

    3. 疑惑解答 ······· 029

四、国内影子老师的现况如何？ ………………………………… 031

五、隔离导致越来越不敢进行"自我倡导" ………………… 032

六、隔离导致康复机构的评估系统倾向于用"能力不足"，

限制学生"到了年龄，正常去上学" ……………………… 033

七、隔离导致舒适区过大，有意逃避真实世界的挑战 ……… 034

八、隔离导致我们忘记了"被拒绝是常态"，"争取资源和支持"

是勇气 ……………………………………………………… 034

第三部分 如何支持特需儿童的发展

一、如何进行个案评估？ ………………………………………… 038

　　1. 介入前的生态化评估 ……………………………………… 039

　　2. 学期中/末的表现评估 …………………………………… 042

　　3. 结案评估 ………………………………………………… 048

二、如何提供学业支持？ ………………………………………… 049

三、如何提供社交支持/同伴支持？ …………………………… 051

　　1. 特需儿童在普校的"社交状况" ………………………… 052

　　2. 如何选择"融合小天使" ………………………………… 052

　　3. 同伴介入策略 …………………………………………… 053

四、如何理解和应对特需儿童的问题行为？ …………………… 057

　　1. 如何理解特需儿童的问题行为 ………………………… 057

　　2. 如何应对特需儿童的问题行为——积极行为支持 …… 058

五、如何提供生活技能支持？ …………………………………… 074

　　1. 自己穿衣、系扣子、拉拉链 …………………………… 074

　　2. 洗澡、刷牙、口腔敏感 ………………………………… 079

　　3. 安坐就餐、准时出门、去买东西 ……………………… 085

　　4. 入睡准备、睡眠障碍、聚会社交、兄弟姐妹 ………… 089

　　5. 去饭店、去看电影、去旅行 …………………………… 095

六、如何提供游戏活动支持? ···················· 99

　　1. 观察 ···································· 99

　　2. 跟随儿童的领导 ························ 99

　　3. 提供选择,培养自我决定的能力 ·········· 100

　　4. 鼓励,让孩子有积极体验 ················ 100

　　5. 基于儿童的能力 ······················ 101

　　6. 影子老师不敷衍,投入地玩 ·············· 101

七、融合教育中影子老师何时退场? ············ 101

八、影子老师体系下如何制定和实施 IEP

　　(个别化教育计划)? ···················· 102

九、融合环境常见问题的解决策略(示例) ········ 115

第四部分　如何支持特需儿童家庭的成长

一、影子老师如何与家长进行沟通? ············ 138

二、家校沟通常见的困扰及沟通技巧是什么? ······ 139

　　1. 孩子刚入学时家长是否需要向老师告知

　　　具体实情 ······························ 139

　　2. 如何让学校接受影子老师进校的申请 ······ 140

　　3. 孩子在学校被投诉后正确的处理方式 ······ 141

三、特需儿童家长如何"拉拢"班级里的普通家庭? ·· 145

四、家长如何准备幼小衔接? ·················· 147

　　1. 环境适应和应变能力 ·················· 148

　　2. 生活自理能力 ························ 149

　　3. 例行常规能力 ························ 149

　　4. 社交沟通能力 ························ 150

　　5. 情绪调节能力 ························ 150

　　6. 学业学习能力 ························ 151

7. 行为规范的建立 ·························· 151

8. 关于幼小衔接的小贴士 ·················· 151

五、影子老师项目中如何制定和实施 IFSP

（个别化家庭服务计划）? ··············· 152

1. 什么是 IFSP ························· 152

2. IFSP 的特点 ························· 153

3. IFSP 团队组成 ······················ 154

4. IFSP 的基本内容 ···················· 154

第五部分　如何支持学校的融合

一、如何创建一个支持包容的校园环境? ········· 158

1. 物理环境 ·························· 158

2. 心理环境 ·························· 162

二、影子老师如何与校方进行沟通和合作? ········ 163

第六部分　如何促进社会的包容接纳

一、户外野餐社交 ······················ 166

1. 餐前活动 ·························· 166

2. 制作沙拉 ·························· 167

3. 其他活动 ·························· 167

二、"融合大天使"志愿者培训 ··············· 168

三、免费公益读书会 ····················· 168

附录　各种表格和资源的整合

一、社交训练材料分享 ···················· 172

二、评估报告(示例) ⋯⋯⋯⋯⋯⋯⋯⋯⋯⋯⋯⋯ 194

三、影子老师每日记录反馈表(示例) ⋯⋯⋯⋯⋯ 205

四、社交技能检核表 ⋯⋯⋯⋯⋯⋯⋯⋯⋯⋯⋯⋯ 211

五、随班就读学生审批文件(以上海市长宁区为例) ⋯⋯⋯ 220

六、资源推荐(网络资源、影片、绘本、APP) ⋯⋯⋯⋯ 233

    1. 国内网站 ⋯⋯⋯⋯⋯⋯⋯⋯⋯⋯⋯⋯⋯⋯ 233

    2. 国外网站 ⋯⋯⋯⋯⋯⋯⋯⋯⋯⋯⋯⋯⋯⋯ 233

    3. 影片推荐 ⋯⋯⋯⋯⋯⋯⋯⋯⋯⋯⋯⋯⋯⋯ 234

    4. 绘本推荐 ⋯⋯⋯⋯⋯⋯⋯⋯⋯⋯⋯⋯⋯⋯ 238

    5. APP 推荐 ⋯⋯⋯⋯⋯⋯⋯⋯⋯⋯⋯⋯⋯⋯ 240

七、游语影子老师个案分享 ⋯⋯⋯⋯⋯⋯⋯⋯⋯ 242

    1. 与小白共同渡过的影子老师日子 | 心得:

      适性而教 ⋯⋯⋯⋯⋯⋯⋯⋯⋯⋯⋯⋯⋯⋯ 242

    2. 我所知道的影子老师 | 小光头的故事 ⋯⋯⋯⋯ 245

    3. 蜗牛慢慢,阿斯融合在校园 ⋯⋯⋯⋯⋯⋯⋯ 250

    4. 影子老师心得——陪伴一只优雅的小刺猬 ⋯⋯⋯ 257

参考文献 ⋯⋯⋯⋯⋯⋯⋯⋯⋯⋯⋯⋯⋯⋯⋯⋯ 262

法律声明 ⋯⋯⋯⋯⋯⋯⋯⋯⋯⋯⋯⋯⋯⋯⋯⋯ 265

第一部分

一起来了解游语影子老师项目

一、游语影子老师项目背景及发展

影子老师制度已成为美国融合教育支持体系的重要组成部分,影子老师也成为融合教育发展不可忽视的人员支持力量(连福鑫,2016)。依据美国 IDEA 数据中心(IDEA Data Center)的统计,截至 2011 年,美国有超过 45 万的影子老师服务于 3—21 岁有特殊教育需要的儿童,且这个数量呈不断上升的趋势①。影子老师的支持为普通班级教师和其他特殊教育专业人员分担了大量基础性工作,不仅弥补了美国普通教师和特殊教育专业人员的不足,也在一定程度上促进了特需学生在普通班级学习和生活质量的提高。影子老师在专业特殊教育工作者的引领和督导下成为个别化教育服务计划中非常重要的一部分,并且在全年龄的特殊需要支持项目中扮演着越来越重要的作用(Giangreco,Suter,& Doyle,2010)。

在融合教育形势大好的情况下,我们看到家长对影子老师的需求(见表 1-1):

表 1-1 中国影子老师需求预测

	美 国	中 国
K-12 学生数	5040 万	18170 万
特殊教育学生数	650 万(普校为主)	44 万(特校)+1200 万(普校)
K-12 教师数	310 万	1377 万

---

① IDEA Data Center. 2011 IDEAPart B Personnel.[EB/OL].https://inventory. data. gov/dataset/62114545-b02b-4fa4-97d5-c43596560fbd/resource/acac6431-91d0-4dda-94fe-58b0fd2487d6.2015-02-25.

（续表）

	美　国	中　国
特殊教育教师数	39 万	5 万
影子教师数	130 万	240 万[a]

（[a]注：目前并没有关于中国影子老师需求预测的官方数据，游语在 https://mp.weixin.qq.com/s/ZseOXUMyw00rtZfRPWeUjg 资料的基础上，结合美国影子老师师生比大约为 1∶5 进行推测，中国影子老师的需求人数大约有 240 万左右。）

我国融合教育发展尚处于起步阶段，普通学校中的特殊教育专业人员缺口较大，相关支持服务（包括人员支持）有待进一步发展和完善（王雁，2013）。在这样的背景下，有的特需儿童家长会争取校方的同意，自己进入普通学校去协助自己的孩子尽快融入学校，而有的家长会选择聘用较为专业的人员作为影子老师进入普通班级提供支持。这在一定程度上体现了我国特需学生在融合教育过程中对影子老师的需求。有数据预测，中国家长对影子老师的需求未来甚至达到 153 万人，可是目前中国从事影子老师的人数有限，特需孩子在排队等待被帮助，有效的学校融合时间短暂，甚至有的孩子因为没有专业人员的支持而成为"游离在边缘的孩子"，被劝退的不计其数。

在当前中国教育系统对于融合教育的支持尚不充分的情况下，依靠影子教师提供个别化专业支持，连接家校合作，是支持特需儿童适应校园环境的可行方案。但真正实施起来，依然有很多挑战，归纳原因可能有以下几点：

● 融合教育服务是国家政府福利体系很重要的一部分，但在全国普通儿童教育资源紧缺的情况下，体制内难以快速对日益增长的特需儿童的融合教育需求做出反应。目前，以民间力量和家长组织的推动为主。

● 1对1影子老师的服务与个性化康复服务需密切配合,这对机构管理者提出了更高的要求。同时对康复师的目标制定也提出了更多要求。

● 影子老师项目是一个需要多方合作的事情,尤其是家长需要发挥沟通主心骨的作用。然而,我们的家长对融合教育的政策、资讯大多知之甚少,在缺乏指导的情况下,也是四处碰壁,心灰意冷。

● 行业内外对影子老师的概念理解的问题。目前所知,很多做过相关尝试的机构把影子老师的职责和陪读阿姨混做一谈,没有从专业发展的思路去培养和支持愿意做融合教育实践的影子老师,影子老师孤军奋战的现实使一线老师缺乏坚持的勇气。

● 影子老师是一个连接了大健康、大医疗、大教育的融合型职业,在整个医疗康复治疗师行业尚未形成全国性认证标准的情况下,影子老师的职业认知、技能培训、待遇发展以及岗位认证都是目前观望的治疗师们慎重考虑的。

● 在缺乏专业系统的培训下,导致很多人很想伸出援手去帮助在幼儿园中处于社交孤岛的孩子们,却不知道从何开启,这里面包括很多的志愿者们和专业人员。社会已有的宣广集中说明了"是什么"和"为什么"的问题,鲜有能清楚明白地告知"怎么做"。大家对有建设性指导意见的指南的需求十分迫切。

基于以上的思考,上海游语教育于2017年元旦启动了"游语影子老师项目",旨在用游语擅长的康复技术助力特需儿童融合教育。通过借鉴国际融合教育的先进模式,在多环境(国际幼儿园、民办幼儿园、公办园、融合园、公办小学等)多个案类型(自闭谱系障碍、注意力缺陷多动症、听力障碍、智力障碍、发育迟缓等)的实践总结基础上,创建了完整的上海影子老师培训及认证体系,摸索出一套适合中国国情的融合教育实践操作模式。

　　图1-1是游语影子老师项目现在以及未来努力的服务范围,聚焦于儿童,以特需儿童为中心,辐射学校、家庭、机构、社区/社会。首要重点是学校情境下的适应支持,与其他专业人员协作,制定个别化教育计划并就不同领域的干预目标实施干预方案;然后是连接家校合作,向家庭反馈孩子的在校表现和进展,与孩子的家长和其他治疗师一起为孩子制定个别化家庭服务计划,促进孩子多方面的进步;最后一点是游语现在正在努力实现的——将融合教育的情境扩展到社区甚至更大的情境,因为真正的融合是理念与变化的融合。对特需儿童融合教育的支持,少不了特需儿童个体本身与其家庭、学校、机构专业老师和社会环境的共同配合,游语影子老师项目致力于为特需儿童构建一个全生涯的、综合化的融合教育支持系统。在游语支持下,相信各艰难前行的融合支持人员,能披荆斩棘,看见生命的美与力量。

图1-1　游语影子老师项目服务范围

二、影子老师的概念、意义、职责与资质

1. 何为影子老师

美国联邦政府的定义：No Child Left Behind Act（现在叫作 The Elementary and Secondary Education Act）法案定义影子老师为"一个被幼儿园、小学或初中雇佣的在合格督导监督下的个体，包括那些被语言教育学校项目、特殊教育和移民教育雇佣的个体。"

在中国，影子老师是根据特殊需要儿童的成长发展需求应运而生的。游语将影子老师定义为：一个教育助理。进入普通学校为特需儿童提供一对一的教育支持，包括协助教师给特需儿童提供教学计划和其他直接任务，记录并报告特需儿童的进度，是特需儿童家校合作的沟通者、支持者。

2. 为什么需要影子老师

原因一：融合教育有别于个别化的干预训练，它无法做到一对一的高关注度教学，孩子可能无法独立地适应没有较多反馈和正向支持的教育模式和方法。

原因二：进入普通学校后，孩子的社交人群从原来熟悉的家人和干预老师扩大到更广泛的陌生人群，孩子们可能无法很好地适应新的集体社交环境。

原因三：普通学校老师对特殊需要儿童的特性和需求可能无法很好地理解甚至是错误理解，这样可能会加重孩子的情绪和行为问题。

基于以上几点原因，进行融合教育的孩子需要一名"特别的教育助理"（影子老师），代替家长和干预老师跟在他们身边，帮他们解决这些困难。

3. 影子老师的职责

影子老师有很多不同的任务,但支持学生、接受并执行督导建议是工作的核心。以下是游语影子老师关键功能的例子:

● 为各种有特殊教育需求的学生工作;

● 执行团队合作的任务:与团队内的其他人员保持良性沟通,确保学生的发展目标一致;

● 撰写每日工作记录:反馈学生的需求和进展,收集数据(影子老师会告诉学生如何做得更好,给学生奖励,帮助学生建立正向行为);

● 帮助发展社交技能:建立和维持有效沟通以及师生、同伴关系;

● 维持学生课堂注意力、维持支持性环境以及维持安全的学习环境;

● 行为支持计划:支持和协助学生管理自己的行为;

● 帮助学生组织学习经验,如克服粗心、写字慢等;

● 执行由老师布置的作业或康复机构的任务;

● 评估学生需求以及融合计划中获得的进步;

● 帮助学生遵守课堂规则和课堂纪律、完成学业任务、提高学习效率以及控制自己的行为;

● 利用集体课和课间休息时间,促进社交互动,生活自理,如:让学生能够独立上厕所、养成课间去上厕所、洗手的好习惯;

● 引导学生对人有礼貌,成为学生和同学、老师之间的沟通桥梁,帮助学生和他们进行主动互动,加深彼此的理解和沟通,营造一个包容的环境;

● 培养学生的独立性:与学生共同完成任务,而不是直接给学生或帮学生代劳;给学生独立练习新技能的机会;只有在需要时给予帮助;尽可能地给学生提供选择;一旦实现了目标,与学生一起反思、归纳;对改变常规提供支持,以促进独立;引导学生认识到自己的优势和局限,认识到谁可以帮助他;鼓励学生的自我主张;

● 帮助处理冲突事件,尤其是校园霸凌;

● 持续参加能够发展专业技能的培训,变成更专业的影子老师;

● 隐私保护:保密是指保护所有关于学生的个人身份信息、数据和记录以及有关学生和学生记录的讨论。个人信息包括:儿童的姓名或住址、儿童的家庭信息、易于分辨学生的信息描述。因此,任何有关学生/家庭信息披露的请求,影子老师应先报告给督导,并做好诚恳地拒绝提供信息的准备。

最终,游语影子老师项目希望达成的终极目标是:辅助孩子建立社会关系,帮助孩子完成一个"学生"的本分。这需要影子老师在项目初期像"影子"一样,观察记录儿童的需求,尊重家庭的期待与选择;在项目中期的辅助体系像"拐杖"一样,默默在儿童身后,辅助他完成"学生"应该具备的社会角色;在项目的后期,拐杖将变成"无形的拐杖",更多是相信与鼓励,是逐渐撤出,让孩子独立融入并建立适合的社会关系。

4. 影子老师的资质

在中国,影子老师是一个新兴的职业,游语在中国率先进行系统培训及专业认证,并提供了一个免费的供需对接平台,连接中国有需要的家庭和能提供服务的专业人士。(如需发布影子老师的需求,可以添加微信:yyjydai)

具备长远目光的影子老师都有这样的基本共识:影子老师不能单兵作战,需要团队合作。

影子老师作为一个桥梁,连接了教育和康复团队的合作、机构和学校的合作、学校和家庭的合作、个训老师和影子老师的合作、小组老师和影子老师的合作、影子老师和家庭的合作。没错！沟通与协作技能，是影子老师的重要技能。游语强调，成为影子老师的首要资质是能够和团队合作。在游语的实践中发现，专业治疗师/影子老师不愿成为某个别家庭雇佣的、某一个儿童的影子老师的原因有以下几点：

● 单兵作战的几年一直带某一个儿童，自己的水平得不到较大提高，技术得不到泛化；工作中的沟通难题得不到指导，会觉得苦闷、孤单。

● 儿童跟一个治疗师/影子老师最有效的时期往往是一年左右。如果跟一个影子老师超过两年，可能儿童早期康复的时候的精准目标没有做扎实（如：眼神！），也可能与影子老师本身的泛化和退出的设置没有做好有关。这是需要持续跟着专业团队学习、磨合的！

● 团队合作涉及的人很广，包括体制内外、机构内外、中国内外。在影子老师认证体系下，需要多次培训、进阶学习的。

要顺利帮助儿童成功去上学，团队必不可少！团队合作最大的好处，是通过退出机制的设置，接触很多个案，快速学会多种个案的综合干预手法，从个别到类别的泛化，能很大程度提升小白老师的成就感。

以一个有着严重行为，如打人、推人等攻击行为的儿童为例，光靠影子教师一个人是很难处理的。这需要家长调整自己对儿童的方式与态度，家庭成员和家庭生态首先是需要大量调整的；而初阶影子教师缺乏改变家庭生态的权威，往往需要督导或高级督导的权利配合与技术指导，才能更好地执业。

班级老师对这类儿童的态度一般都是：如果特需儿童打人、攻击人的行为没有得到遏制，就不用来上学了。基于这样的情况，光靠影子教师一人去处理，也只能如"热锅上的蚂蚁"，把影子教师急得团团转。这时候,我们需要团队中的心智个训老师,去帮助儿童提高对"人"的意识;提高"对害怕和恐惧"的理解和表达,提高自我管理和控制能力等。这些都需要持续的学习。

除了督导、心智个训老师,还可能涉及和小组课老师的配合、语言老师的配合,指导普校班级老师的专家级别的老师!

以上,只是需要团队帮助小白的一个小例子。我们实际的线下认证培训中有专门讲人与人沟通技巧的实操性课程,希望大家能够重视"团队沟通"。

影子老师的第二个重要资质,是持续培训与终身学习。

其实,只要是靠专业技术吃饭的工作,都需要持续学习和持续培训。游语只不过是把持续培训划分了具体的层级和对应的技能。

初期的时候,只需要影子老师"爱心""用心""专心"。

为了和纯陪读区分开,游语影子老师最早期的时候所定义的影子老师是需要专业背景的。专业从业,一直是游语最看重的能力,直到我们在厦门林老师那里看到她的团队——初期团队成员很多是非康复专业或特教专业出身,但各个对特需儿童的喜爱都是发自真心的,对他们的关注也很细致,喜欢提问、愿意学习。这些老师都满足爱心、用心、专心的基础条件。

林老师(其实是一个重度自闭症儿童的妈妈),两个月内发展出十几人的影子老师团队,孩子上午在影子老师支持下去学校做[大融合]、下午在机构做[中融合]+[小融合]的融合模式,是一种良好的融合模式。在这样的模式下,她自己家重度自闭症儿童的融合之路就相当顺利。

厦门重度自闭症家长发展影子老师团队,给我的启发就是:初阶影子老师关键是"三心",这里的"心",不是三心二意的"心",是"爱心""用心""专心"。"爱心"指的是满怀爱心、又有愿意做融合支持人员,这是最重要的。当游语用完整的初阶体系,初阶体系始于 100 个常见问题的融合策略,终于 2 天密集的实操集训,发现有心的"路人甲""小白妈妈"通过线上线下培训,也能上手操作,我们感到很欣慰。

"用心"指的是影子老师工作过程中遇到问题要多问,常常有问题常常问才会常常进步。非特教老师虽然在特教理论上较特教专业落后了一些,但是在初阶的 100 个主题的学习过程中,他们对融合教育的理论与策略也获得了充分的认知,更重要的是,那些在实践过程中用心记录、观察儿童的老师,不断提问、精进,成长就会很快。

"专心"是影子老师真心喜欢这个工作,而不是为了一时的物质奖励而"浅尝辄止";专心的老师能够踏踏实实地走好每一步,如:做好每一个为孩子定制的视觉材料(如:社交故事、五点量表等)。游语的融合教育职后培训体系和大学授课体系不完全一样:更加强调策略的有效性和操作性;达到"用心"的学员,我们才会进一步教授评估、计划、退出等进阶的内容;最终,在高阶课程中,影子老师将系统学会与普校融合师资分工协作的能力,能够和班级老师合作,改善班级的物理、心理环境以及所有学生的自我管理能力,提升学习能力与品质。

"爱心·用心·专心",是游语目前对初阶影子老师的基本要求,相关专业(教育康复、特殊教育、心理学、学前教育、社工等)毕业或有一定的康复/融合经验的老师,在游语的课程中都会找到自己所学专业的影子,课程的共鸣性高,对后续工作中"团结一切可以团结的人"的帮助作用就大。融合,如果没有系统的计划、支持与督导,确实不是一件容易的事情。在这条路上,游语踩过很多坑,我们不希望后面的团队继续踩这些坑,所以,在每个阶段我们会教得很细致,力保家长和老师们少走错路。

以上是初阶影子老师的就职要求,但成为一名好的影子老师远远不止于此,不仅要具备基本的资格要求,还要具备一些重要的特质以及掌握相关的知识、技能标准,最重要的是需要接受持续的培训和督导,详见表1-2。

表1-2　一名好的影子老师应具备的条件

基本的资格要求	重要的特质	知识、技能标准	持续的培训和督导
● 具有大专或大专以上学历 ● 康复、教育、心理、社工、行为分析等相关专业背景	● 实践经验 ● 优秀的沟通技巧 ● 满足学生的具体需要 ● 愿意变通（灵活性） ● 热爱与孩子一起工作 ● 喜欢团队协作	● 特需儿童协会（Council for Exceptional Children）的标准： 学生发展和个体差异 学习环境 课程内容 评估 教学方法 专业发展和道德合作	● 了解融合学校和班级 ● 了解学生 ● 了解工作职责 ● 掌握教学和行为管理技术 ● 获得有关其工作表现的反馈 ……

三、影子老师沟通与协作的原则

1. 沟通的原则

沟通是指两个或多个主体之间分享信息和想法的一个双向的过程，需要通过一种媒介来实现这个双向分享的过程，可以通过语言机制，也可以通过其他符号系统（如：图片、手势等）。不同的沟通方式产生不同的影响。影子老师作为家校沟通和合作的桥梁，自身就应当做一个有效的沟通者。以下是可参考的沟通原则：

- 有专业性
  - 与专业人员沟通时尽量使用专业术语(用易理解的语言进行术语解释更体现专业性),与家长、学生、普通班级老师沟通时可使用简单明白的生活用语,避免脏话(不论是在什么情况下)
  - 使用正确的语法、拼写、标点符号等
  - 言传身教——在言谈举止方面为学生树立积极的榜样
  - 避免对其他老师、学生及他们家庭的消极描述
- 有向他人解释问题并且能够用客观、简洁易懂的方式给出信息的能力
- 有积极正向的态度
  - 在挑战性的情境中也能够关注积极的方面,哪怕困难的事情也可能会有好的结果
  - 承认他人的贡献、知识和专业
  - 鼓励其他人分享及表达
  - 基于理解的目的去倾听
- 保持冷静
- 善于提问
  - 换种说法来检查信息的准确性
  - 对信息的澄清与补充

除此之外,在沟通时,影子老师要在充分收集资料与调查的基础上提供真实、客观、中立的信息,而不是转述其他人的说法和观点或者过度表达自己的态度,可以参考表 1-3 来对照什么是恰当的表述:

表 1 - 3　恰当与不恰当的表述示例

不恰当的	恰当的
Anna 根本就不愿意尝试完成课堂作业,她趴在桌子上,甚至连铅笔都不愿意拿,我没办法,只好放弃。我对她非常失望,她本来可以做好的。	我花了 10 分钟鼓励 Anna 去完成作业,但是我失败了。她无精打采的,也不配合,她趴在桌子上,没有完成任务。
Kiki 总是晃来晃去,不愿意坐下,说话非常粗鲁,有时还说脏话,没有人喜欢他。	Kiki 无法安安静静地坐好,每次他坐在座位上的时间都不超过 5 分钟。他说话声音很大,有时会有不合适的语言表达,当他生气时,他会骂脏话。

2. 协作的原则

游语影子老师项目采取的是一种跨专业的团队合作模式,这也就意味着影子老师不是单兵作战的角色,与融合教育团队成员建立有益的协作关系非常重要。

- 与学生的关系
  - 平等对待所有学生
  - 聚焦于事情积极的一面
  - 接受学生本来的样子
- 与家长的关系
  - 碰到难沟通的家长要保持耐心
  - 插手解决问题并不是你的职责,不管你心里怎么看待家长,一个友好、专业的态度有利于你和家长建立起工作关系
  - 尊重学生及其家庭的文化和传统
  - 避免与学生及家长建立亲密的私人关系,尊重他们的隐私,不

　　要扮演他们的心理咨询师

　　— 确保和督导一起处理家长的来电和微信

● 与学校或机构的关系

　　— 你可以扮演学校中积极的学习环境的主要营造者

　　— 帮助促进教员之间的合作，不要抱怨，抱怨会产生不满并影响
　　　到周围的人。如果有人向你抱怨的话，你有两个选择，一是以
　　　积极向上的方式回应，二是走开

● 与教师的关系

　　— 认可你支持的教师团队，愿意分享建设性的意见和建议（只在
　　　适当的情境下向指导老师或管理者提供建议）

　　— 遵守职业道德

　　— 一旦做出决定，要执行到底

　　— 不懂的时候要问

四、生态系统理论下的影子老师团队合作模式

　　布朗芬布伦纳（Bronfenbrenner）于 1979 年提出了生态模式
（ecological model），见图 1-2。它强调多重环境对人类行为与发展的
影响，从个人和其所处环境中的不同层次体系来了解个人与环境之间的
交流，在生态模式中个体被置于最中间，由内而外，每个体系环环相扣，
包含：①微系统：是最基本的一个系统，与个体具有直接关系的人、事、物
之体系，比如：家庭、学校；②中系统：通过多个微系统之间的互动过程所
形成的关联性，比如：家庭——学校；③外系统：在微系统和中系统外存
在的较大系统，如小区与其中的设施、服务等，会影响微系统及中系统互
动；④宏系统：于最外层，泛指政治、文化、经济和社会因素所带给个人和

家庭的影响,如社会文化对于障碍的看法与诠释。

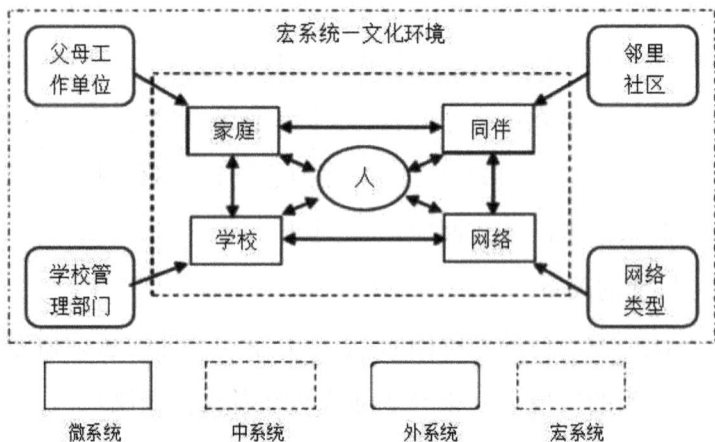

图 1‐2　生态系统图①

　　影子老师主要作用于特需儿童生态系统中的微系统和中系统,通过连接家庭、学校、机构三方为特需儿童的融合教育提供支持。游语影子老师项目基于生态系统理论,并根据中国大陆融合教育现状,探索出符合中国大陆实情的影子老师团队合作模式。

　　图 1‐3 是游语影子老师项目初始的合作方式,不同专业人员服务于特需儿童个体/家庭,但因为沟通不畅和资源联结不充分,各个专业人员之间并没有形成良好的协作关系。之后,游语影子老师项目发展了跨专业团队合作模式(见图 1‐4),通过微信群这一工具,再加上影子老师的"桥梁"作用,将各个专业人员的支持进行了联结,不仅可以为特需儿童个体/家庭提供个别化支持,还能通过团队合作实现系统支持。

---

　　①　图片引自:刘杰,孟会敏.关于布郎芬布伦纳发展心理学生态系统理论[J].中国健康心理学杂志,2009,17(02):250‐252.

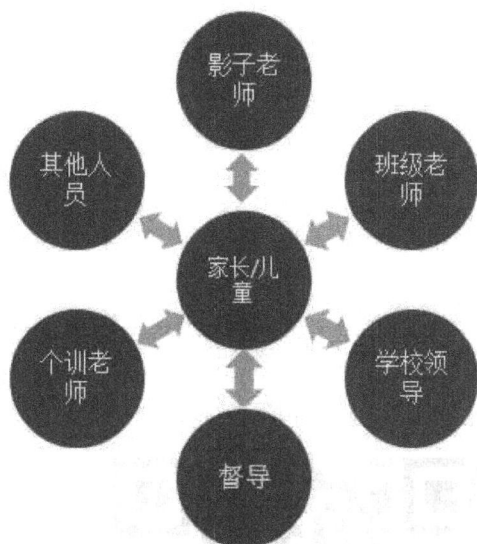

图 1 - 3　初始合作模式①

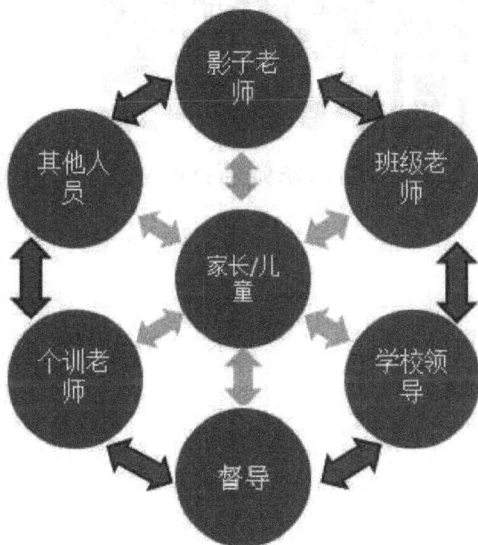

图 1 - 4　跨专业团队合作模式②

①　家长辛苦模式:目标不清晰,不精准.沟通协作困难大
②　家长不辛苦模式:精准康复技术支持精准融合

游语云课堂的二维码

扫描二维码，开始系统学习

如需帮助，联系微信：youyu5-8 白老师

第二部分

融合教育的理论与实践

一、融合教育是什么?

1994 年,萨拉曼卡宣言(Salamanca Statement)号召所有的国家都采用融合教育作为实现全民教育的策略。融合教育被看作是一种可以使每个人都接受教育的途径,是一种强大的可以保障所有人有权参与的变革性力量,并能包容差异性和多样性。

融合教育兴起于西欧,随后在美国、英国等国家广泛发展,并不断完善。2002 年,美国颁布《不让一个孩子落伍》(No Child Left Behind, NCLB)法案,标志着美国以法律形式承诺所有孩子都享有接受教育的权利。目前,融合教育已经被全体美国民众普遍接受。美国的融合教育是全民的融合教育,其教育的基本理念是教育机会均等,主张有特殊教育需要的学生应该与普通学生在同一学校同一班级接受相同的教育。

自 20 世纪 80 年代以来,中国开始尝试允许让特需儿童进入所在社区的普通小学班级就读,这一首创性实践被称为随班就读,意为“在普通班级中学习”,通常是指儿童在普通学校中接受特殊教育。大多数中国学者认为随班就读是融合教育的一种创新性的形式,它是以西方国家融合教育的概念和实践为基础的,但是深深植根于中国特殊教育的现实中。

融合的教育环境对孩子而言有着很大的意义,根据国内外的研究,发现有以下几点(苏雪云,2018)[①]:

(1) 将特需学生安置在普通教育环境之中,在社会发展和学业发展上具有显著的积极作用。学校集体生活是特需儿童学习社会规则的最佳途径,而且有利于特殊孩子学习发展社会模仿、学习人际交往。学业发展上,普通教育环境对学业有更高的要求,孩子、老师、家长都会有紧

---

① 苏雪云,朱霖丽. 我的孩子得了自闭症:自闭谱系障碍儿童融合教育支持手册[M]. 上海社会科学院出版社,2021.

张感和压力感,但是,潜能也会在适度的压力下被挖掘。

(2)3—5岁的特需儿童在融合环境内,轻度中度障碍的儿童如果他们的功能水平相对较高的话,在融合环境内表现较好。

(3)中度、重度障碍儿童一般在融合环境内的表现较高或至少一致,特别是独立性、社会能力领域。

(4)融合教育是为了每个孩子的发展,典型发展的孩子在融合教育中也应当是受益的。学生间的个别差异其实蕴含着很多学习机会,让典型发展的孩子增加同理心,增强自我决定的能力,有机会学习到:接纳差异,欣赏特殊,用不同的视角看待这个世界上与自己不一样的人。

然而,为了更好地在中国落实融合教育,我们需要明确地把特殊教育和融合教育区分开,把融合班与随班就读区分开。弄清楚融合教育是对普通班级老师的教学与课程作出调整这件事情,对做出有品质的融合教育至关重要。

二、我国融合教育的现状如何?

融合教育是保障所有特需儿童平等接受教育的最好途径。维持特殊教育学校成本巨大,没有任何国家能够完全通过特殊教育学校确保所有特需儿童都能受到有益于他们发展的教育。想要实现让所有特需儿童都上学的目标,特殊教育学校不是一条可持续之路。只有让所有儿童共享普通学校的空间和资源才能实现高品质教育的普及和提高。

我国于2007年签署,并于2008年批准了《联合国残疾人权利公约》,又于2010年递交了首次全面履约报告。从签署公约开始,实施融合教育就不再是一项善举,而是履行一项法定义务。2008年,我国根据《公约》修订了《中华人民共和国残疾人保障法》,该法明确规定国家保障残障人享有平等接受教育的权利。普通教育机构应当接纳残障人入学并提供便利和帮助。2011年《残疾人事业"十二五"发展纲要》提出,采取多种形式对重度肢体障碍、重度智力障碍、孤独症、脑瘫和多重特需儿童实施义务教育。完善特需儿童随班就读支持保障体系,提高随班就读质量。2013年《残疾人教育条例(修订草案)》明确提出要实施全纳教育。2014年《特殊教育提升计划(2014—2016年)》要求全面推进融合教育,使每一个残障孩子都能接受合适的教育,提高办学条件和教育质量。2017年第二期《特殊教育提升计划(2017—2020年)》着重质量,总体目标之一是实现普通学校随班就读质量的整体提高。2022年《"十四五"特殊教育发展提升行动计划》四大目标之一是融合教育质量全面提升,让每一名残疾儿童青少年都有人生出彩的机会。

以上种种举措可以看出我国政府逐渐认识到实施融合教育的必要性,也的确在努力推进融合教育的发展,但这也将是一个漫长又充满严峻挑战的历程。哈佛大学法学院残障事业发展项目编写的融合教育手册①中提出:想要推进融合教育,政府必须让两套平行的教育系统(普通教育和特殊教育)尽量多地互相连通,打破体制的障碍。但在从双轨制向融合教育转型的过程中存在一个根深蒂固的误解。在我国,有些教育工作者主张"随班就读"就是融合教育,但事实并非如此。从准入标准来看,随班就读倾向把特殊学生的自身条件(即她/他的生活能否自理、能否跟上教学进度)作为判断其能否进入普通学校的前提。这背离了融合教育的基本精神,即确保拥有个性化教育需求的学生在融合环境中接受适当教育是校方的义务,享受融合教育是学生的权利②。从实践经验来看,多数随班就读没有为特殊学生提供最少限制环境以及充分的合理便利。很多在随班就读中取得成功的学生有较轻度的障碍,那些需要更多

---

① https://mp.weixin.qq.com/s?__biz=MzAwNTA1OTYwNQ==&mid=402398011&idx=3&sn=1e1f746587562df659a4b2603a9f4122&scene=21#wechat_redirect

② 如果环境是导致特需学生难以融入普小的主要原因,我们便要着重提升个体和环境互动质量

支持的学生往往难以在随班就读的环境中取得成功。从词意来看,随班就读中的"随"字不但没有表达出"支持"及"尊重"等重要含义,还暗示了特需学生在普通学校中的从属地位。因此,我国的随班就读的指导思想与一体化或主流化教育思潮更接近,还不能等同于融合教育。除此之外,我国目前的融合教育还面临着资源整合不足、区域发展不平衡、普遍缺乏特教师资和相关专业人员等问题。

我国的融合教育在不断发展,这是很好的展望,但孩子的发展是等不了的,这也是影子老师项目应运而生的原因。在当前中国教育系统对于融合教育的支持尚不充分的情况下,依靠影子教师提供个别化专业支持,连接家校合作,是支持特需儿童适应校园环境的可行方案之一。

三、我国融合教育相关的入学政策支持有哪些?

鉴于各省政策存在差异,这里主要针对上海的情况进行讨论,其他省家长可做参考之用。具体情况可咨询当地教育局或特殊教育指导中心。

1. 学前阶段[①]

● 幼儿园的类型

一般来说,幼儿园分公办和民办两种,其中再按一定标准分为示范、一级、二级、三级、未定几类。

● 招生时间

一般来说,公办幼儿园根据区域政策,会在特定时段统一招生(上海的公办幼儿园是每年 4、5 月开始招生),民办幼儿园则基本上不做过多

---

① https://baijiahao.baidu.com/po/feed/share? wfr = spider&for = pc&context = %7B% 22sourceFrom% 22% 3A% 22bjh% 22% 2C% 22nid% 22% 3A% 22news _ 3982490685106049903%22%7D

限制,有的可全年招生。

● 收费标准

各公办幼儿园、公办各级之间无较大差别,示范幼儿园稍高。政府指导价(仅供参考):175/月(二级),225/月(一级),400—700/月(示范)。

民办幼儿园的收费标准是由园所根据办学成本、办学质量自行制定,并在相关机构备案,费用差异相对公办要大一些(市场调节价)。

● 特需儿童入园指南

特需儿童家长如果想进一步了解如愿信息,可参考当地教育局的儿童入园政策。比如上海市普陀区公布的《2018 年普陀区需接受特殊教育的儿童入园指南》(专栏 2－1)[①],详细介绍了从现场报名、医学诊断、专家评估到录取安置的操作流程。

专栏 2－1   2018 年上海市普陀区需接受学前特殊教育的儿童入园指南

围绕"提升每一个幼儿的健康生活品质"的核心理念,以关注本区每个残障儿童的全面发展为导向,完善特殊教育服务体系,为每一个特需儿童提供优质的学前特殊教育服务,特制定本指南。

本指南适用于 2014 年 9 月 1 日至 2015 年 8 月 31 日出生,具有普陀区户籍,有听力、智力、肢体、视力障碍或精神障碍(如自闭症)等,需接受学前特殊教育的适龄儿童。

一、现场报名

2018 年 5 月 26、27 日(上午 8:00—11:00,下午 1:00—4:00)由父母带领儿童,携带预防接种卡、户口簿和相关的残障鉴定报告或《上海市阳光宝宝卡》,到普陀区特教康复中心(白兰路 191 号)登记报名(咨询电

---

①   关于 2016 年普陀区学前教育招生工作的实施意见.http://www.pte.sh.cn/PuTuo. Portal/Home/Detail? infoId=dc6769b8-562b-4c69-8c57-6a04e3aeb247.2016－4－15.

话：62549596）。

二、医学诊断

区教育局于2018年7月2日—6日，统一组织登记报名的儿童前往上海市儿童医院（泸定路355号）进行免费医学鉴定和健康体检，获取相应鉴定报告。

三、专家评估

2018年7月11日—12日，经过鉴定的儿童凭通知（普陀区学前特教康复中心统一下发）由父母带领，到普陀区学前特教康复中心上青分中心（常德路1258弄26号）进行现场评估。由区学前特需儿童教育安置鉴定委员会依据医学鉴定报告和现场评估结果，并结合全区学前特殊教育资源等综合因素，对儿童做出在普通幼儿园接受融合教育、或在区特教康复中心及上青分中心特教班就读、或接受个别化康复教育训练等教育安置建议。

四、录取安置

2018年8月30日前，普陀区学前特教康复中心或接纳融合教育的普通幼儿园发放入园通知书。儿童家长接到通知后，根据要求到对应的普陀区学前特教康复中心或幼儿园办理入园或受训手续。

2. 义务教育阶段

目前来说，随班就读主要针对低视力、重听、轻度智力障碍、（轻度）自闭症和脑瘫学生等有特殊需要但能力比较好、可以在普校学习的学生。随班就读的学生不一定必须具有残疾证，除非是在小学五年级和初中阶段想要新申请随班就读则需要有。但是必须要有残联部门指定的残疾鉴定医疗机构的鉴定。以上海为例，残联部门指定的残疾鉴定医疗机构有上海市精神卫生中心、复旦大学附属儿科医院、上海市儿童医学中心、上海市儿童医院等（详细见表2-1）。至于随班就读的办理流程为何,专栏 2-2 是以上海市长宁区公布的办理随班就读的流程为例。各区县之间可能略有差异,建议家长可以联系当地特殊教育指导中心咨询入学的相关政策和流程,如当地哪些学校可以招收特需儿童、随班就读的申请条件及相应的认定流程是什么。

上海某区随班就读的申请条件:①学习跟不上全班的进度,学业水平明显落后于班级其他学生;②低视力、重听、轻度智力障碍(智商:韦氏儿童智力量表,在 50—69 范围,社会适应行为低于一般水平的儿童少年);③自闭症属于精神残疾,脑瘫属于肢体残疾也可以申请随班就读。一般来说,随班就读一二年级是不能申请的,要到二年级末或者三年级暑假可以申请,而且在升初中学籍变更前可以取消。一般来说,自闭症只要有诊断书,肯定是可以申请的。有一些学校或学区对于 IQ 分数是有要求的,因为在法律中,是要你能够跟得上学习,即具有普通环境里面学习的能力。关于随班就读更详细的操作手册可以参考附录五。

表 2-1　上海市残联指定的评估机构

类别	康复机构	地址	联系电话
视力检测	上海市眼病防治中心	康定路 380 号	021-62717733
	复旦大学附属五官科医院	汾阳路 83 号	021-64377134
听力言语检测	上海市儿童医学中心	东方路 1678 号	021-38626161
	交通大学附属新华医院	控江路 1665 号	021-25078999
	复旦大学附属五官科医院	汾阳路 83 号	021-64377134
脑瘫检测	交通大学附属新华医院	控江路 1665 号	021-25078999
	复旦大学附属儿科医院	万源路 399 号	021-64931923
	上海市儿童医院	泸定路 355 号	021-52976020
	上海市儿童医学中心	东方路 1678 号	021-38626161
智力及社会适应能力检测	交通大学附属新华医院	控江路 1665 号	021-25078999
	上海市儿童医学中心	东方路 1678 号	021-38626161
	复旦大学附属儿科医院	万源路 399 号	021-64931923
	上海市儿童医院	泸定路 355 号	021-52976020

（续表）

类别	康复机构	地址	联系电话
自闭症检测	上海市精神卫生中心	宛平南路 600 号	021-64381519
	复旦大学附属儿科医院	万源路 399 号	021-64931923
	上海市儿童医学中心	东方路 1678 号	021-38626161
	上海市儿童医院	泸定路 355 号	021-52976020
其他残疾检测	交通大学附属新华医院	控江路 1665 号	021-25078999
	上海市儿童医学中心	东方路 1678 号	021-38626161
	复旦大学附属儿科医院	万源路 399 号	021-64931923
	上海市儿童医院	泸定路 355 号	021-52976020

专栏 2－2　上海市长宁区随班就读办理流程①（仅供参考）

---

① 上海市长宁区随班就读办理流程 http://zwdtcn.sh.gov.cn/details/126

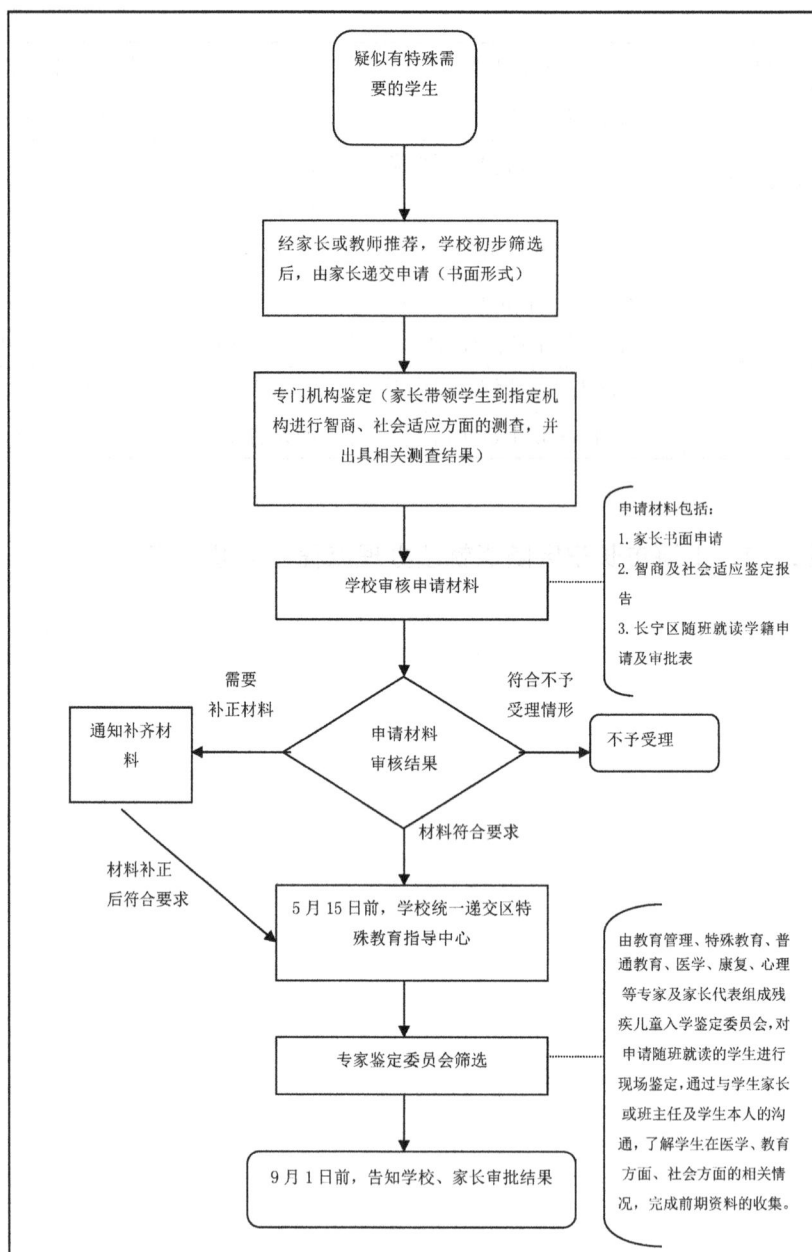

3. 疑惑解答

● 随班就读几年级开始申请？几年级结束？

— 一般从小学三年级开始申请随班就读（低视力、重听、肢体残疾、自闭症等存在明显残障的学生可在入学前办理）。小学五年级和初中学生原则上不能再申请随班就读，除已具有残疾证之外。随班就读的政策支持一般到九年级义务教育后结束。

注：考虑申请的决定因素在于：申请之后，除了形式上的融合，是否有实质性的支持与服务。如：对班级老师和家长的培训与支持，对孩子的直接的服务与课程。最重要的是：申请之后，班级老师的备课与授课是否有专业的设计、调整与改变。

● 如果给孩子申请随班就读，会带来什么影响？

— 不同障碍类型的学生会有不同的情绪行为问题，所需的支持也会不同，因此老师的实际投入也有差异。以上海市浦东新区的政策为例，其规定各相关学校应将随班就读工作数量和质量纳入教师工作考核的内容。可以按 1 名随班就读学生相当于 3 名普通学生工作量的折算方式确定班额数①。

— 随班就读的学生的成绩不会纳进班级的平均分，因此班级老师可能会降低对孩子学业上的要求，这一定程度上可以缓解孩子的学业焦虑，另一方面教师也可以将重心放在学生其他能力的发展上。

— 生均拨用经费的提高。以上海为例，上海地区随班就读学生的生均公用经费标准是每年 7800 元，而 2016 年中央确定的

---

① 《浦东新区教育局关于加强随班就读工作管理的实施意见》(浦教基〔2013〕49 号)

生均公用经费基准定额为:普通小学每生每年 650 元、普通初中每生每年 850 元、特殊教育学校和随班就读残疾学生每生每年 6000 元。但这笔钱并不是直接发给学生/家长,而是国家拨给学校的支持经费,如建造资源教室、聘请资源教师、建设无障碍设施等。

— 随班就读的学生可以享受到资源教室的资源(前提是该校配备了资源教室和资源教师)。

— 积极影响很多,但不代表没有消极影响。对父母来说,可能最担忧的是一旦给孩子申请了随班就读,就等于给孩子戴上了"特殊"的帽子。近些年校园欺凌事件的多发,可能更加加剧了这份担忧。但希望家长相信,国家和学校推行随班就读的初衷肯定是为了孩子好,但具体的实施需要"事在人为",需要学校和家长共同努力才能真正促进学校融合。

注:有品质的融合教育需要更多的 push in(嵌入式)服务,而不单是 pull out(抽离式)服务。

● 普通学校会拒收随班就读的孩子吗?

— 就现阶段而言,如果孩子经评估鉴定具备接受普通教育的能力(评估方是由教育管理、特殊教育、普通教育、医学、康复、心理等专家及家长代表组成残疾儿童入学鉴定委员会,对申请随班就读的学生进行现场鉴定,通过与学生家长或班主任及学生本人的沟通,了解学生在医学、教育、社会方面的相关情况,完成前期资料的收集并评估),就可以根据实际情况(如户籍、学校资源条件、学校学业压力情况等),选择一所适合的普通学校来就读,学校不能无端拒绝。

注:真正的融合教育的安置原则是"就近、适龄、零拒绝"。

● 申请随班就读一定要残疾证吗?

    —— 申请随班就读不一定需要残疾证,除非是在小学五年级和初中阶段想要新申请随班就读。

    注:谨惕给孩子戴上帽子、贴上标签的政策是否真正为特需儿童和家长减负?

● 随班就读的学生是否可以正常毕业、升学?

    —— 随班就读的学生和普通学生一样,只要达到毕业标准,都能拿到毕业文凭。在升学考试中,随班就读的学生也可根据个人意愿及能力报考普通高中或附设特教班的中职校。

四、国内影子老师的现况如何?

中国特需儿童越来越多,以儿童言语语言障碍为例,2 岁儿童发生率达 17%,3 岁达 4%—7.5%,6 岁达 3%—6%[①]。学龄前儿童中,约 7%—10%的儿童语言发育迟缓;3%—6% 儿童有语言输入或输出障碍并影响日后阅读和书写。[②] 据美国 2020 年疾病控制与预防中心最新数据,美国平均 54 个儿童中有 1 名自闭症儿童。2017 年中国新出生人口为 1723 万,意味着每年自闭症儿童可能新增约 29.2033 万。儿童康复需求越来越大,康复之后的融合教育的需求应运而生。而国内融合教育的实践经验较少,实践缺乏理论指导,也缺乏系统培训与认证机制,再加上融合教育康复医学和特殊教育相结合的趋势以及政府政策支持力度越来越大,促使整个影子老师行业的需求增长速度迅猛,催生了影子老师职业的发展。

---

①   Shriberg LD, Tomblin JB. McSweeny JL. Prevalence of speech delay in 6-year old children and comorbidity with language impairment[J]. J Speech Lang Hear Res, 1999, 42(6):1461-1481.

②   Allen DA, Rapin I, Wizhitzer M. Commnication disorders of preschool children: the physician's responsibility[J]. J dev.Behav Peds, 1998,9(3):164-170.

游语在构建融合教育整体解决方案的过程中,不仅在理论上,更从实践上给出了"言之有理,操之有物,行之有效"的答案。不仅在专业上给出了标准,更从师资从业道德与标准上做出了明确要求。

特需儿童对影子老师有非常大的需求,但现有专业人员供应严重不足。目前我国特殊学校就读学生总数约 44 万,参照人口规模和障碍发生率推测,可能有 1200 万的残障儿童在普通学校读书或者失学。如果借鉴美国的相关数据(师生比:650 万特需学生中有 130 万影子老师),则意味着我国大约需要 240 万影子老师来支持普校中的特需学生。但根据我们所了解到的情况,目前国内影子老师从业人员的数量恐怕不足 2 万人,而且还存在专业人员流失、专业人员队伍不稳定的问题。除了数量上的不足之外,在质量上,整个融合教育行业内正在形成影子老师需要强调专业背景、持续督导和团队合作的共识,游语正在用系统的融合教育解决方案对全国融合教育师资进行专业认证。因此,综合而言,影子老师的培养和专业化发展是影子老师行业发展最迫切需要解决的事情之一。

五、隔离导致越来越不敢进行"自我倡导"

社会上的普遍的对特殊需要学生(以下将有特殊教育需要的学生统一称呼为"小白"),存在着很多的偏见。越是从隔离环境到融合的环境,小白就越容易会被环境中的人不公平地对待。人类本能对自己见得少的人、行为和事件,就容易产生心理的恐惧。同时,我们目前看得到的社会新闻报道中,过多的负面信息导致社会群众抵触小白,这样的态度吓退了理智的父母。当父母处于别扭、害怕的心态时,孩子也没有那个心力去学习自我倡导。

所以,很多人就会错误地认为最好把小白放在特殊学校,或者特殊的康复机构、医院、特殊班，认为这是对孩子来说最好的安排。

六、隔离导致康复机构的评估系统倾向于用"能力不足"，限制学生"到了年龄，正常去上学"

我们常常看到一些宣传，如："特需学生进入到普通环境的普通班，是有一定的条件的""有一定的能力才能去上学的""孩子能力不够，不可以上学""孩子能力不够，去上学会被劝退""孩子能力不够，去学校也是不进则退""孩子能力不够，他自己会越来越退缩"……等等。这些说法反映了业内一种普遍存在的现象，即目前国际和国内的一些评估体系，会套用"能力不够"而人为设限，拒绝孩子上学；当这种思维被迫养成，就较少有家长去思考，我该如何"改变环境，以支持我的孩子"，以及思考"我该如何改变自己，以支持我的孩子？""我该如何改变我的家庭，以支持我的孩子？"

需要改变的很多，教育教学的方向和思路也需要改变。包括：设计精准的嵌入式干预目标，直接支持孩子在自然情境下、参考自然线索、以自然环境中的自然伙伴和教师为模仿对象，以模仿、学习出自然情境下需要的技能。

我们可以思考以下这些问题：机构环境中教的假模仿技能，对孩子直接适应幼儿园一点帮助都没有；尤其是中重度障碍的孩子，如果他们一直没有学会所谓的里程碑上的技能，这些孩子难道就永远没有机会去和同龄的孩子一起背上书包去上学了吗？

过多的、过于机械和重复的桌面场景教学，导致孩子失去学习兴趣和动机；当桌面教学不能直接解决上学困难、适应困难、情绪调控困难、校园自理困难、自我管理困难、课间行动困难、课堂跟随困难……等一系列紧急且严重的问题时，桌面教学的意义可堪斟酌。

七、隔离导致舒适区过大，有意逃避真实世界的挑战

现在无论是机构还是家长存在一种主张，认为在机构中对于孩子和大人来说，是比较舒服的选择。舒服是什么意思呢？就是有一个安置的舒适区——孩子不需要面临在幼儿园和小学的挑战，家长也不需要面临那么多家校沟通的难题，不需要去突破孩子迁移泛化、类化技能的困难。相对来说，在一个比较安全且舒适的安置区域，会错误地认为对孩子来说，这是一个比较正确的或者是最佳的选择。

然而桌面的教学程序中，缺乏参照自然环境的自然线索，净在教学的起点能力上绕圈圈，无法泛化、类化，更难自然化、同伴化……

原因出在哪里呢？其实一开始的模式和设计就出了问题。

干预方法必须是建立在尊重儿童天性基础上的。习惯了隔离环境下教学的老师，容易"一叶障目""不见泰山"。会在专业水平有限的情况下，也陷入"孩子的能力没有达到要求，就不可以在普通班级中学习"。产生这种认知的根源在于专业能力的不足，做不来基于融合环境的干预方案。

八、隔离导致我们忘记了"被拒绝是常态"，"争取资源和支持"是勇气

你能接受被拒绝吗？这个过程很不好受。

很多人会忽略小白在正常的班级环境中的成长机会，也有一些人会去隐瞒掉隔离的负面影响，导致社会普遍认为将孩子在隔离环境，是正常的、且应该的现象。一些城市的普通的学校，有时会因为经费不足，或者确实缺乏策略帮助到这些特需小白而出现了拒绝的过程。被拒绝是

常态,尤其是那些看似没有大的智力受损,但是存在多且频繁的挑战行为、存在很多感觉寻求和感统失调的孩子学生。反而是那些认知发展落后程度比较重的、情绪挑战没有那么大的、语言表现落后很多的,由于父母的坚持,努力争取资源,尽力获得支持,孩子们逐渐获得了较多的针对性的支持性服务。

以上就是我们所提到的一个基本的关于隔离的负面影响的思考。虽然面临较多挑战,但是对于一些人来说,比如说有学习能力的孩子的父母,他们对于去普通环境是有期待的。这些家长希望孩子能够一直在一个正常化的环境中去学习,在自然环境中提升自己的能力。对于这类家长,只要他愿意学习,可以接受挑战。

好的治疗师不是为了干预而干预。在隔离教室里学的东西(如:读卡片等),如果不能在真实的自然情境中使用起来,那训练就是浪费孩子宝贵的时间。好的嵌入式干预治疗师,会在观察、分析儿童优劣势基础上,给予专业意见;基于普通班级的适应问题去制定自己的干预方案,制定嵌入式干预的目标;并主张"用优势带动劣势",以"孩子的发展""所有的孩子都是一种孩子",这样的发展观点、非标签的观点去看待孩子,以此指导自己的日常干预计划。

第三部分

如何支持特需儿童的发展

一、如何进行个案评估？

教育评估，即对特需儿童进行个别化的评估，是影子老师服务流程中重要的环节。教育评估的目的是为该儿童/家庭制定干预目标，围绕这个目标选定所需要的具体干预方式、措施、强度、服务提供者和效果评估的指标。不同的评估目的会决定不同的评估内容和方法，医院系统的诊断可以提供一些参考，但很多老师会依赖医疗诊断结果或者标准化评估结果从而对特需儿童轻易地做出评价，忽视了孩子与他人的关系（喜欢的人物、亲子、师生、同伴等），忽视了孩子的爱好、特长、性格，孩子将来能独立参与社会生活的可能性也容易被忽视。

评估是为了更好地理解；从理解走向个别化支持；在支持中与孩子一同成长。

因此，游语影子老师项目采取的评估方式是根据每个学生的情况进行综合全面的生态化的评估，在影子老师正式介入之前，督导会对个案进行生态化评估，在学期中/末，影子老师会对个案的表现进行评估，如果成功退出，还会有结案评估。游语影子老师项目的评估方式基于人本主义和生态化的理念，生态化评估过程如下：

第一，人和人的相识——不是从教师和学生的关系视角去理解孩子，不是从教师和家长的关系视角去理解家长，不是从特教教师和普通教师的关系视角去理解班级老师，而只是作为普通人之间的相识，客观地理解孩子及其重要他人。

第二，用肯定的眼光看待孩子——主要通过观察法（访谈法可以作为补充）呈现孩子在校的状态，并从中发掘孩子的闪光点和资源。

第三，正确读懂孩子的信息——除了通过观察、访谈搜集到的资料外，还需要标准化测验（如：智力测验）的补充。

第四,聆听孩子/家长/老师的想法——蹲下身来,与特需儿童及其同伴进行面对面的交流,从童言稚语中发现不一样的观点;与家长、班级老师面谈,从他们的角度呈现孩子的"面貌",聆听他们的愿望和期待。

第五,对多方评估结果进行综合分析。

1. 介入前的生态化评估

生态化评估不只是对个体本身进行评估,还必须要对包含个体以及个体所处的环境进行全面评估,将个体放在社会环境中进行理解。总的来说,生态化评估是对个体以及个体的环境、个体与环境的相互关系的广义的评估(裴虹,2016)[①]。而且,生态化评估非常重视特需儿童的优势和闪光点,以支持为目的的生态化评估的结果可以帮助我们得到以下信息:

● 什么支持是必要的
● 根据孩子的特点可以制定怎样的干预策略
● 孩子自身可利用的资源(孩子的特长、优势、闪光点)
● 孩子周围有哪些可利用的资源(如:家长、同伴、老师、环境……)

游语影子老师项目根据日本筑波大学裴虹博士的生态化评估量表进行了多次改编,以便更适用于特需儿童的融合教育环境下的评估。表3-1是最早改编的评估表示例,评估报告示例详见附录二。

---

① 参考来源:https://max.book118.com/html/2017/0105/80221287.shtm

表 3-1　个案生态化评估表①

评估者：＿＿＿＿＿＿＿　　　　　　　　　　　　评估日期：＿＿＿＿＿＿＿

姓名：	小名：	性别：		年龄：		班级：
联系地址：				障碍类型：		
评估 1　儿童个体的评估						
①家长的期望				②幼儿园老师的期望		
③个体的喜好		喜欢的东西（食物与物品）				
		喜欢的活动				
		喜欢的人				
④个体的优势		个体的特长				
		个体的性格优势				
		个体的其他优势				
⑤健康状态		生长经历				
		感知觉的问题及其他				
⑥发育状况		认知				
		语言沟通及理解				
		运动				
		社会性				
		注意力				
⑦学习情况						

---

①　生态评估的最终版本以"融合合伙人计划"的标准为主要参考.

（续表）

⑧行为情绪	挑战性行为	
	情绪问题	
⑨在校日常生活技能及挑战		

评估 2　环境支持的评估		
⑩干预信息	接受过的干预	
	正在接受干预	
⑪学校环境	与老师同学的关系状况	
	学校环境可利用的资源	

评估 3　综合评估

评估的汇总与分析

优势：

挑战：

建议：

2. 学期中/末的表现评估

学期中/末的表现评估采用的是计分制的量化方式,而不仅仅是描述性语言,这样不仅能直观呈现特需儿童的变化,而且为下一步干预策略的调整提供了客观的建议。表 3 - 2 是游语影子老师项目所使用的学期中/末表现评估表,不仅涵盖了各个主要发展领域的得分情况,还能呈现特需儿童所需的辅助类型情况,最后还会有总评、下一阶段关注点,以及"融合小天使"、家长、学校/班级老师给予的反馈建议。多领域、多主体的评估可以更立体地呈现特需儿童的进展。

表 3 - 2 学期中/末表现评估表(游语影子老师专用版)①

影子老师学期初/末评估表				
评估人: 　　评估地点: 　　评估日期:				
辅助类型(得分):Q 全身体辅助(0.1 分);B 部分身体辅助(0.2 分);S1 示范(0.3 分);S2 视觉提示(0.4 分);K 口语提示(0.5 分);JK 间接口语提示(0.6 分);S3 手势提示(0.7 分);D 独立完成(0.8 分)②				
此表格为设计的模板,每个幼儿园的安排活动不同,影子老师将根据具体的情况进行增减。				
类别	具体项目	得分	模块总分	备注
A. 生活				
学校/班级意识	准确说出学校、班级名称			
	准确说出老师的名字			
	准确说出同学的名字			

① 本版本是最早期版本,思路与框架仍能体现游语实践原则与经验,仅作入门学员参考,最新版本见《融合教育实践指南——生态评估、评估与计划》及线上课程"游语云课堂"的评估课程,游语最新研发的表格及下载也在该线上课程内.

② 辅助类型的最终版本以"云课堂"更新的内容为标准.

（续表）

影子老师学期初/末评估表				
入园 常规	主动和熟人（包括老师、同学、门卫、阿姨等）打招呼			
	洗手、排队，配合晨检			
	找到自己的班级			
	放晨检牌、挂水壶、换衣服			
	在指定区域游戏			
离园 常规	换衣服、拿水壶、整理书包			
	主动和熟人（包括老师、同学、门卫、阿姨等）再见			
	跟随认识的接送成人走/跟随老师或阿姨的指引上校车			
	离园时安静、有秩序			
运动	进行多种形式的户外运动			
	听从"集合、向×看、向×转、解散"等队列指令，并做出相应动作			
	遵守运动课相关的常规规则			
	合理地争抢自己的玩具（语言、动作、老师的帮助）			
	及时关注活动结束的信号（音乐、老师提醒等）并参与收尾环节			
	完成场地上的各类器械运动			
	运动时能主动遵守基本的游戏规则，如轮流、等待等			
	运动时有一定的安全意识，辨别危险、躲避危险			
	主动或在他人发起时，与他人追逐打闹			
	主动或在他人发起时，与他人进行合作游戏			
	能理解集体性规则游戏的规则			
	参与集体性规则游戏，如"贴烧饼""老狼老狼几点了"等			
	有情况知道报告老师（表达需求或告状）			
	知道根据身体状态，自主喝水、增减衣物等			

（续表）

	影子老师学期初/末评估表			
做操	按要求准确地站在自己的位置上			
	能模仿老师或同伴完成规定动作			
	与同伴互动做操,如变化队形、拉手围圈等			
	做操时控制好自己的动作,不误伤他人			
	做操时保持安静,不推搡同伴			
	两操之间和做完操时,耐心等待老师安排,坚持排在队伍中			
上下楼梯	上下楼梯动作稳定、协调			
	有安全意识,不在楼梯上打闹、玩游戏、做危险的动作			
	排队上下楼梯时能跟紧同伴,不掉队			
	上下楼梯时保持安静,不推搡同伴			
	常规情况下,遵守上下楼梯靠右走的规则			
	根据临时情况(如其他班级经过)调整行进节奏			
排队	遵守班级的排队规则			
	听到排队指令后能快速在指定位置排队			
	独立根据自己的位置报数			
	排队时不推搡/远离同伴			
	排队等待时不与同伴嬉戏打闹或大声聊天			
	坚持排在队伍中等待老师的下一步指令			
	能自主跟随排队队伍回班级(不会进入其他班级或走混)			
	排队行走时能跟紧前一个人,不掉队			
饮食	准确、按时拿餐盘和餐具			
	筷子、勺子使用姿势正确			
	能较灵活地双手协调吃饭			
	吃饭习惯良好,坐端正、专注食物、尽量不讲话			
	安静地坐在座位上等待分发食物			
	按需求添加食物(如饼干、菜等)			

（续表）

	影子老师学期初/末评估表			
	倒液体食物（如牛奶、汤羹等饮品）动作准确			
	不破坏、浪费食物			
	在规定时间内吃完食物			
	及时向老师表达需求，如我想/不想吃了，（想吃什么）			
饮食	吃完点心后能安静等待（不争抢他人的或独自跑开等不恰当行为）			
	在规定时间内收餐盘，整理小椅子			
	拿/收餐盘时动作轻柔，不打翻餐盘			
	保持衣物整洁			
	熟练、准确清理桌面、地面污渍			
	根据生理需求小便			
	根据生理需求大便			
	独立在厕所间，整理好衣物（如提好裤子、包好肚子）再出来			
	独立完成洗手程序（打湿手—用洗手液—搓手心手背—洗干净泡沫—擦干手）			
生活自理	保持手部干净，脏了之后能及时洗手或用纸巾/湿纸巾擦手			
	保持衣物干净整洁，脏了后能根据情况更换或清洗			
	午休时主动穿脱衣服			
	衣服放在指定的位置，并能再次找到			
	能够根据规则选/聆听睡前故事			
	主动闭眼睡觉			
	睡醒后不吵闹，安静地等待其他同学			
	B. 学业			

（续表）

	影子老师学期初/末评估表			
集体课	安坐 30—45 分钟			
	听从手放腿上的指令			
	听从盘腿坐的指令			
	坐姿端正（不东倒西歪），面朝老师			
	认真观看老师播放的视频、图片、课件等			
	关注老师的讲解、示范			
	主动关注并回应老师的简单提问			
	主动关注并回应老师的复杂提问			
	主动关注课堂并向老师提问简单的问题			
	主动关注课堂并向老师提问复杂的问题			
	主动用合适的方式（如举手、眼睛看向老师方向）回应老师的提问			
	主动关注同学的表达			
	主动关注其他同学的活动，判断是否正确			
	参与活动后，独立选择下一个进行游戏的同伴			
	按要求跟读、跟唱或跟做动作			
	主动创作，创作内容与要求主题一致			
	展示/介绍自己的作品/想法			
	安静地聆听同伴展示/介绍自己的作品/想法			
	听完他人介绍后可以给予恰当的评价			
	主动配合老师或小组长整理课堂用具、收作品、拍照等			
	按要求收拾学具、桌子、推进椅子			
	按要求排队离开教室			

(续表)

	影子老师学期初/末评估表			
区角游戏之园艺、饲养	喂食小动物（班级如果有的话）			
	喂食行为适当（量和频率）			
	喂食动作轻柔,爱护小动物			
	给植物浇水（班级如果有的话）			
	浇水行为适当（量和频率）			
	爱护动植物及相关的材料、器具			
区角游戏之娃娃家	愿意参与娃娃家游戏			
	与他人互动,互动内容与角色或当前情境相关			
	扮演至少一个角色,知道角色的活动内容			
	假想至少一个场景,进行与场景相关的游戏			
	导演一个场景的扮演游戏			
	关注收玩具的信号,按要求在规定时间内收好			
区角游戏之建构游戏	拼搭区域内的各种建构玩具			
	内容丰富,有一定的假想成分			
	和同伴合作拼搭某个物体			
	用合理的方式应对争抢积木的事件			
	主动介绍自己拼搭的成果			
	关注收玩具的信号,按要求在规定时间内收好			
区角游戏之阅读角	选自己喜欢的书			
	专注阅读5—10分钟			
	当出现争抢时,能用恰当的方式解决（如:请老师帮忙、同伴协商等）			
	阅读时保持良好的坐姿,不倚靠,不躺/趴在地板上			
	可以和他人共同阅读一本书			
	有人询问时,愿意介绍自己正在阅读的书籍			
	爱护图书,看完归位			
	关注收书的信号,按要求在规定时间内收好			
总分				

影子教师总评
班级教师/校方反馈建议
融合小天使反馈建议
家长反馈及建议
下学期关注点

3. 结案评估

当家长和班级老师认为该特需儿童不再需要影子老师介入时,影子老师需要对该个案进行结案评估,评估内容除了生态化评估(见表 3 - 1)和期末表现评估(见表 3 - 2)外,还需要对家长、班级老师进行问卷调查或访谈,收集反馈建议,最后向督导进行结案报告。

二、如何提供学业支持？

首先，特需儿童跟其他典型发展的儿童一样，在学习上有共同的特点，比如：所有的孩子都有喜欢的和不喜欢的；所有的孩子都能学习；所有的孩子都会被周围的学习环境所影响；所有的孩子都能从失败中学习；所有的孩子都能从冒险中学习；所有的孩子都可以相互学习；所有的孩子都有自己独特的学习风格；所有的孩子都有自己的学习优势和劣势；所有的孩子都有自己的学习节奏……这是所有游语人秉持的"儿童观"。

其次，特需儿童个体差异大，每个儿童的学习能力与他的认知能力也有关系，也要关注到每个儿童的学习动机和兴趣，影子老师还应关注特需儿童的学习优势：比如空间、感知、匹配等领域；视觉/符号线索时常会有助于他们学习，很多儿童有图片思维的优势，记忆和复述能力很好。可以参考表 3-3 的教学策略来帮助孩子更好地学习。

表 3-3　特需儿童的学习特征和教学策略[①]

特需儿童的学习特征	教学策略
我的理解能力不佳，学习新事物很困难	✓行为更易法 包括：指示（语言指示/非语言指示）； 提示（动作协助/手势提示/表情提示/语言提示/感觉指示/模仿行为） ✓奖励（物质/社会性/内在奖励；代币） ✓塑造法（奖励儿童近似的行为） ✓辅助消退法

① 苏雪云,严淑琼.自闭谱系障碍儿童教育指导手册.上海市长宁区特殊教育指导中心,2014.

（续表）

特需儿童的学习特征	教学策略
我的组织能力较弱,要连续学习一连串步骤时,我会混乱。	✓循序渐进式 包括:向前连锁法、倒退连锁法、由浅入深连锁法等
我学会的技巧很快便会忘记。	✓重复练习 类似的环境或情况下进行练习
除了我最喜欢的事物,其他的事物我不太注意。	✓"看看看":引起学生注意后再开始
我的兴趣较少,不是每种事物我都喜欢。	✓从不同的感觉刺激入手 ✓从儿童的兴趣入手
有时候我觉得要学习的项目很沉闷,有时候太深,有时候太浅,我不想做。	✓增加成功机会 ✓适当的奖励
我掌握语言的技巧较困难,你们要帮助我。	✓说话"简而清" ✓建立语言理解及表达 包括:配合声音和动作;配合名称语言及物件;配合语言及动作/环境
我不喜欢常常只做同一样活动,可不可以改变?	✓类化(生活化)
别常常说我顽皮、不听话,很多时候我是有苦衷的。	✓寻找内在的原因(儿童的行为要表达的需要是什么?)
你猜我最想你们怎样待我?	✓爱心(良好的关系是进行教学和干预的基础)

　　特需孩子和典型发展的孩子一样,不论障碍程度是轻还是重,都有学习的能力和机会,维果斯基的"最近发展区理论"(见图 3-1)认为,学

生的发展有两种水平：一种是学生的现有水平，指独立活动时所能达到的解决问题的水平；另一种是学生可能的发展水平，也就是通过教学所获得的潜力，两者之间的差异就是最近发展区（Zone of proximaldevelopment，ZPD）。影子老师根据孩子的学习特征所采取的种种促进及辅助策略，其实也是着眼于孩子的最近发展区，调动学生的积极性，发挥其潜能，促使其学业上的进步。

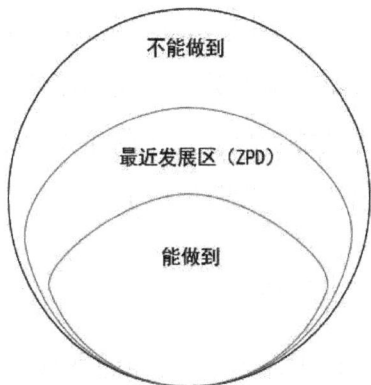

图 3-1　最近发展区

三、如何提供社交支持/同伴支持？

在幼儿园中，同伴是珍贵的资源，因为他们会倾向于采取成人不会使用的方法来了解彼此；即使是很棒的老师，也无法取代同伴的角色。

作为一个很好的协助者，同伴可以成为模仿对象、社会互动的主动发起者、适当技能的教导和提示者，人际冲突的调解者，行为表现的监控和回馈者。在同伴关系中有着促进特需儿童社会技能与适当行为以及和同伴互动的机会。

若仅靠增加儿童相处的时间或拉近彼此的空间距离、仅靠自身或家长的引导，并不能使社会互动增加，仍需足够专业的老师恰如其分的安排和引导。研究指出,虽然大多数学生不需要接受系统的教导就能形成和维持友谊,但特需儿童仍需要专业人员的计划、介入和支持才能发展友谊。(Buysee&Bailey,1993)

1. 特需儿童在普校的"社交状况"

通过社交支持促进特需儿童的社交发展是影子老师的主要职责之一,要了解特需儿童在普校的社交状况,影子老师除了观察和访谈之外,还需要通过评估工具收集实地的数据。受篇幅所限,游语影子老师项目所采用的早期部分社交技能检核表置于附录四,可做参考。完整的详细表格内容,需进入"游语云课堂"系统学习。

2. 如何选择"融合小天使"

在影子老师实际工作中,融合小天使的选择与培养是一项非常专业的职责,如:小班小朋友不适宜为融合小天使;很多学习成绩好的同班同学不适合做小天使;没有经过特别训练的同伴不适合成为小天使。

影子老师为特需儿童选择"融合小天使"的时候,需要根据实际情境和每个儿童/家庭的特征以及资源来进行考虑,可以参考的几点标准是:

● 取得父母同意:小天使父母需持支持态度;

● 年龄:与特需儿童年龄相近;

● 性格:主动、活泼外向,信心、耐心、受挫力强;

● 与同学人际关系良好;

● 了解特需儿童的兴趣爱好以及个性,尽可能选择兴趣等与其相似的同伴;

● 自然情景下可以与特需儿童积极互动;

● 在正式选择之前,让同伴多了解特需儿童,做好充分的心理准备,从多位同伴中选择最合适的作为"融合小天使"。

以上几点是融合小天使的"招募条件",但我们不能忽略了特需儿童对人的偏好。图3-2展示的是特需儿童的同伴圈。一般来说,比较建议影子老师选择第二圈或者第三圈的同伴作为融合小天使。因为当特殊孩子对这些同伴有好感时,他会更愿意听从融合小天使的指令和引导,能更好地建立人际关系。这也是人之常情,对于自己偏好的人,一般人都会更顺从、更柔软、更主动、更愉悦,特需儿童亦如是。最关键的是:是孩子自主选择的;适合孩子的才是最好的。

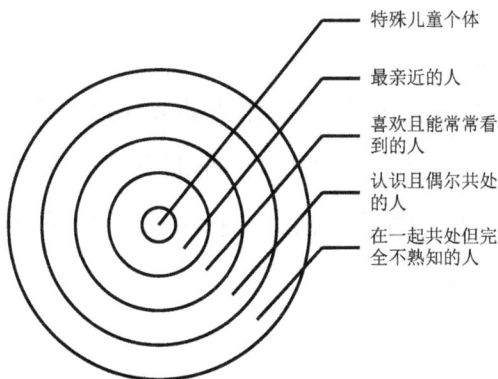

特殊儿童个体

最亲近的人

喜欢且能常常看到的人

认识且偶尔共处的人

在一起共处但完全不熟知的人

图3-2　特需儿童的同伴圈①

3. 同伴介入策略

同伴介入策略是指由专业人员训练有社交能力的普通儿童,通过指导他们与特需儿童建立恰当的社交模式、强化特需儿童合适的社交行为,从而提高特需儿童社交能力的一种干预方法。该方法强调在一定社交情境中发起与特需儿童的互动并提高儿童的社交能力,为希望提高特

---

① 修改自:钮文英(2009).拥抱个别差异的新典范——融合教育.台北:心理出版社,261.

需儿童社交能力的普通儿童提供了社交能力训练模式,可以有效预防严重的社交冲突,提高特需儿童的社交能力。

具体的策略有以下几种:

同伴示范策略

● 老师根据儿童能力,通过调节儿童在活动中的顺序,以发挥同伴的示范作用。每个孩子都有好的值得让同伴学习的能力点。

● 录像的同伴示范——游语小融合形式的小组课,会有同伴和自己的视频,供课后学习,并进行自我强化。

同伴监控策略

● 监控同伴的注意力;提醒同伴活动或该做的事项;提醒同伴准备教学材料;如:总是乱动乱碰的小朋友由坐在其身边的小朋友来监控,适当地鼓励其"告状";有小朋友跑开的时候,引导关注同伴并将其带回等。

共同学习策略

● 合作学习、共同进步。

同伴调解策略

● 教会学生调解同伴矛盾,我们总是乐于见到矛盾的发生,并在当时当下的环境引导小朋友解决矛盾,并在课后沟通中和家长进行充分沟通,引导家长重视起来的同时,教会家长在其他环境的泛化。

同伴开启策略

● 教授小组中同伴协助下如何诱发和维持互动性的游戏行为。不让小朋友总是求助大人,而是将其注意力引向儿童,引向在融合环境中互动最多的同伴。

(1) 眼神接触：由已经习得对话中基本眼神对视的儿童去引导其他。

(2) 建议游戏活动：何时玩、如何玩、如何协助同伴玩（如：邀请、教导游戏规则、鼓励同伴尝试、轮流玩等）、如果引导受挫，如何坚持（如：询问是否想做其他的事情）。

(3) 开启对话：对话的时机；对话的话题；协助同伴（如：邀请、教导游戏规则、鼓励同伴尝试、轮流发言等）；如果引导受挫，如何坚持。（如：询问是否想做其他的事情）

(4) 提供或要求协助：教导同伴求助的语言和回应他人的协助。

(5) 描述正在进行的活动：在有儿童游离于小组之外时，教导同伴用描述性的诱惑性语言吸引儿童注意力、提起其活动兴趣、邀请参与以及引导参与活动。

(6) 延伸话题内容：引导同伴上小组课时说什么话是会得到老师正向回应的，什么话是会被老师忽略的；小组讨论如何回答老师抛出的问题。

(7) 表现情感：对于情感较为单调的儿童，同伴引导其随着游戏内容而丰富自身情感并表现恰当情感。（Utley&Mortweet，1997）

创造性问题解决策略

● 小组中教导儿童直面问题，用正向的看法看待，并引导创造性地解决问题，养成解决问题的习惯，而不是一味逃避。

同伴增强策略

● 在游戏环节中引导同伴相互鼓励，增强同伴好的表现和行为。

同伴处理策略

● 语言能力好的同伴将特需同伴带来的感受告知对方,并且提供正向的矫正性的回馈和提示正向的行为。此点对儿童的要求往往较高,常先由老师示范之后,再逐一让语言能力好的同伴进行复述;以期在长久的引导下,儿童习得处理和应对的语言策略。

注:反馈必须具体,没有评判,能提示正向行为。

(1) 不具体的、评判性的处理:你希望和我做朋友,但是你用令我讨厌的方式,我不喜欢你,是你自己造成的。

(2) 具体的、提示性的处理:我不喜欢你碰我、抓我头发,因为我会觉得你在打我。我知道你想要我跟你玩,我喜欢你问我"我可不可以跟你一起玩?"你这样问我的话,我就知道你想和我玩。我就和你玩了。

同伴评价策略

● 小组中引导同伴打分,使儿童习得领导力的同时能够更加关注同伴的好的表现。

全小组自我管理策略

● 增进个体的内在语言,使自我面临某种工作或问题情境时,能立即用自发内在的话语指导自我表现行为与解决问题。同时,在小组中,使用全小组的团体动力来协助个体。

特需儿童成功融合的 5 个必要特性包括:社群感与社会接纳、学生差异性的欣赏、注意课程的需求、有效的管理和教学、成人的支持和共同工作。在游语影子老师项目中,尽量引导小社群中的接纳与了解,引导学生之间学会欣赏彼此,在游戏活动中提高注意力,针对儿童的社交需求进行有效的引导,引导环境中的大人用"精准语言""精准动作""精准的视觉支持材料"做有品质的"精准融合"。①

四、如何理解和应对特需儿童的问题行为?

1. 如何理解特需儿童的问题行为

孩子的行为问题在表达一种"寻求了解"的语言——期待他人能够了解其内在需求。如果我们能把儿童的行为也当作他们运用的一种"语言",当作他们与成人和他们生活的世界进行沟通的方式,并且愿意"倾听",愿意去理解他们要表达的意图和情感,也许我们会比较能去理解他们的行为。

界定一个行为能否被称为"问题行为",需要考虑这样几点:

● 行为是否会伤害到自己;

● 行为是否会伤害或者干扰到其他人;

● 行为是否会影响或干扰儿童的正常活动(学习和生活)。

如果确定是问题行为,需要强调的是,所有的行为都是合理的,也就是说,孩子做的任何事情都是有原因的。我们要做的是,观察儿童,解读行为,关注行为背后的原因,而不要一开始就有主观判断,不要有偏见。

如果是从应用行为分析(ABA)的角度出发,可以先做功能性行为分析,常见的四种功能是:实物强化、注意力强化、逃避强化、自我强化。但是我们也要明白,其实行为的功能远远不止上述这些,因为儿童的行为不是一个单一的孤立的,我们看到的只是冰山一角(冰山理论模型见图 3-3),它跟儿童自己的状态、周围的环境、所从事的活动等因素都有关系。

---

① "同伴支持"是贯穿"全生涯"融合的嵌入式干预的核心,我们将用一本全新的书进行论述.

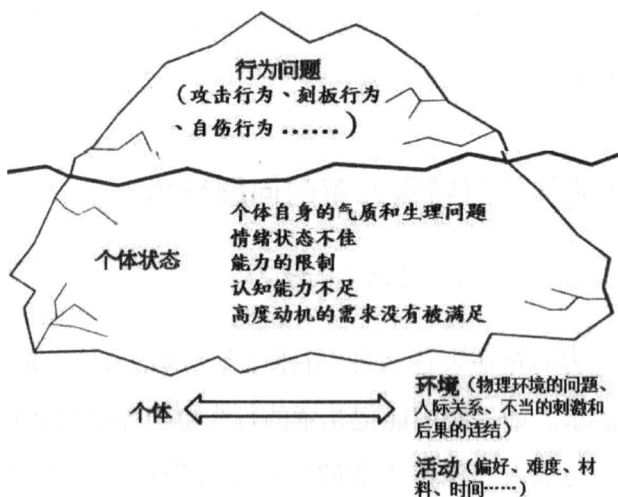

图 3 - 3　冰山理论模型

　　关于行为,有一点特别需要强调:儿童的教育是没有简单化一的通用方式,作为影子老师,我们在制定精准的融合目标之前,需要先关注孩子行为背后的原因、感受,多想想我们的行为会对孩子造成什么影响。理解儿童,尊重儿童,用生命影响生命,而不是鲁莽地用成人的角度去判断对与错。

　　2. 如何应对特需儿童的问题行为——积极行为支持

　　(1) 什么是积极行为支持(PBS)?

　　"用爱理解"特需儿童的问题行为之后,我们需要"用对方法"去应对特需儿童的问题行为,这就需要积极行为支持的理念和方法。钮文英(2017)认为:积极行为支持属于教育型的行为处理方法,强调不是相同的行为问题都可以使用同样的策略,拟定策略时须考虑行为问题的原因与功能,先进行功能评估;主张尊重、正常化、预防、教育和个别化的处理原则,并且强调个体在行为处理过程中的参与,以及运用团队合作发展和执行"行为支持计划";采用功能本位、正向、多元素而完整的行为处理策略,包含预防、教导、反应和其他四类处理策略,最后达到的目标不只在减少行为问题,更重要的是增加积极行为,提升生活质量,让孩子成为有喜乐(happiness)、价值(helpfulness)和希望(hopefulness)"三 H"的人。

（2）为什么需要积极行为支持？

● 行为都是有目的的,不管是有意识的行为还是无意识的行为。

● 行为管理不等同于行为干预,行为管理是从班级管理角度去看,行为干预着重个人或者小组。好行为的塑造可以通过①替代②忍受③一般适应性行为的建立,减少问题行为。

● 积极行为支持是关于行为干预的一种新思路。以前的干预思路可能很多都是等行为发生了再处理(惩戒),但积极行为支持更注重预防。如果把消极行为比作杂草,积极行为比作种树,无论在什么时候,种树都比拔草重要。针对行为问题,"堵不如疏"是游语影子老师用有社交功能的行为替代问题行为的黄金准则。很多时候,"堵不如疏"亦是功能性地满足儿童的自我刺激行为。

（3）如何实施积极行为支持？

游语的融合体系中,反复提到影子老师需要和班级老师合作,其中一个非常重要的层面就是行为管理需要影子老师、家长和班级老师建立平等沟通、协作的意识,共同使用行为管理的精准策略(动作、语言、视觉材料等),以团队合作的形式,高效地帮助特需儿童的独立上学。

在游语 2020 年最新研发的适合中国 5—8 岁特需儿童自我管理的系统课程中,也强调了多种行为管理的策略,包括但不局限全面的视觉支持策略,如社交故事策略、五点量表策略、行事历策略、社交同心圆策略、积极的自我谈话策略、平静角、平静篮子、计时隔离策略、行为结果导图策略、行为契约策略、自定契约策略、同理心策略以及班级老师沟通合作策略。此系列课程在"游语云课堂"中可以学习,配套的教材与图卡也在积极撰写与印刷中。

图3-3是游语影子老师项目实施积极行为支持的基本思路。首先是定义行为问题;然后通过搜集相关信息来找出行为影响因素,分析行为背后的功能;因为行为背后的功能可能不是简单单一的,一个问题行为的背后可能不止一种功能,比如有可能同时包括寻求他人关注、逃避不乐意做的事、获取强化物等,所以在进行功能性行为分析时可以作进一步的解释。最后依据功能性行为分析的结果选择适当的干预策略。

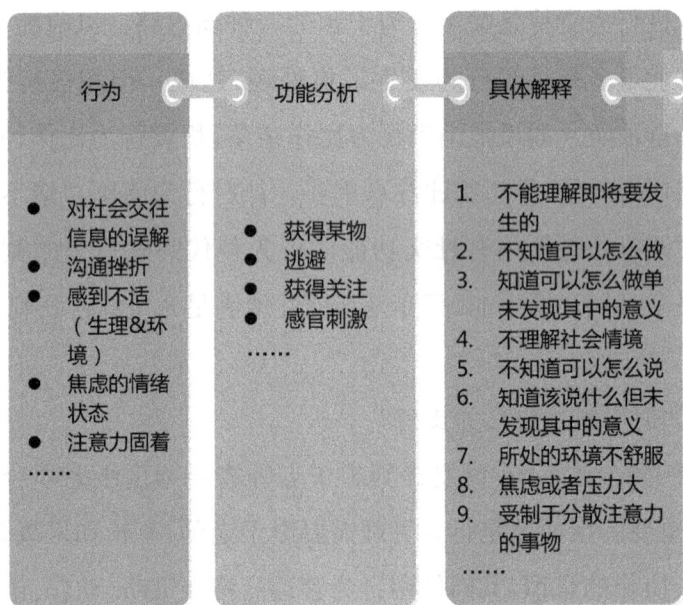

行为	功能分析	具体解释
● 对社会交往信息的误解 ● 沟通挫折 ● 感到不适（生理&环境） ● 焦虑的情绪状态 ● 注意力固着 ……	● 获得某物 ● 逃避 ● 获得关注 ● 感官刺激 ……	1. 不能理解即将要发生的 2. 不知道可以怎么做 3. 知道可以怎么做单未发现其中的意义 4. 不理解社会情境 5. 不知道可以怎么说 6. 知道该说什么但未发现其中的意义 7. 所处的环境不舒服 8. 焦虑或者压力大 9. 受制于分散注意力的事物 ……

图3-4　实施积极行为支持的基本思路

● 定义目标行为问题

在定义目标行为问题时,要尽量描述得具体、客观、明确,而且此行为的描述是可观察的、可测量的。例如"小红有自伤行为"是一个模糊的描述,每个人所界定的自伤行为可能不同,可以描述为"小红会用头撞墙"。

● 功能性行为分析

王勉(2017)认为:功能性分析是一个收集信息用以发现和理解目标行为的目的从而开发一个有效行为干预计划的评估过程(找准目标行为——识别环境因素——摸清行为功能)。前边我们已经说明如何定义目标行为问题,下一步就是收集信息。收集信息方法有间接收集和直接收集。

间接收集法是指通过标准化评估工具或者检核表来收集信息。游语影子老师项目常运用的工具是行为动机评估表(见表 3-4)和功能评估检核表(见表 3-5、表 3-6)。

表 3-4　行为动机评估表①②

受评者_____　性别_____　年龄_____　(或_____年级)

评估者_____　评估日期_____年_____月_____日

目标行为:_____

此目标行为持续多久:□一个月内□三个月内□半年以内□半年以上

题项	1 从不如此	2 很少如此	3 半数如此	4 经如此常	5 总是如此
1. 当 TA 一个人独处时 TA 会出现这个行为。	□	□	□	□	□
2. 当有人要求 TA 做事时,TA 会出现这个行为。	□	□	□	□	□

---

①　Motivation Assessment Scale,Michael J. Delaney/Mark Durand Ph.D. 1986. 游语团队翻译

②　游语云课堂的系统课程中可下载本表格

（续表）

3. 当您转移注意和别人说话时，TA 会出现这个行为。	☐	☐	☐	☐	☐
4. 当 TA 得不到 TA 想要的事物时，TA 会出现这个行为。	☐	☐	☐	☐	☐
5. TA 常一再地表现这个行为	☐	☐	☐	☐	☐
6. 当那天遇到困难（或较需花时间）的工作时，TA 会出现这个行为。	☐	☐	☐	☐	☐
7. 当您不注意 TA 时，TA 会出现这个行为。	☐	☐	☐	☐	☐
8. 当 TA 心爱的事物被移走时，TA 会出现这个行为。	☐	☐	☐	☐	☐
9. 即使周围没人在，TA 也会出现这个行为。	☐	☐	☐	☐	☐
10. 当您要求 TA 时，TA 会出现这个行为，引起您注意或生气，以反抗您的要求。	☐	☐	☐	☐	☐
11. 当您停止注意 TA 时，TA 会出现这个行为来让您生气。	☐	☐	☐	☐	☐
12. 当您给 TA 想要的事物，或满足 TA 的需求时，TA 会停止出现这个行为。	☐	☐	☐	☐	☐
13. TA 出现这个行为时，常不顾 TA 人的存在。	☐	☐	☐	☐	☐
14. 当您停止要求 TA 时，TA 会停止出现这个行为。	☐	☐	☐	☐	☐
15. TA 似乎会以这个行为来引起您的注意，花一点时间与 TA 在一起。	☐	☐	☐	☐	☐
16. 当您不让 TA 做 TA 有兴趣的活动时，TA 比较会出现这个行为。	☐	☐	☐	☐	☐
行为懂评估表计分说明： 一、感官刺激（自娱） 题数——1、5、9、13 二、逃避 题数——2、6、10、14 三、引人注意 题数——3、7、11、15					

（续表）

四、要求明确的东西 题数——4、8、12、16				

以 1 至 5 分计,得分愈多表示频率愈高。

总分＝题数得分和　平均数＝得分和/4　　等级＝四项平均数之间排序

	感官刺激	逃避	引人注意	要求明确的东西
	1._____	2._____	3._____	4._____
	5._____	6._____	7._____	8._____
	9._____	10._____	11._____	12._____
	13._____	14._____	15._____	16._____
总分:	_____	_____	_____	_____
平均分数:	_____	_____	_____	_____
等级:	_____	_____	_____	_____

表 3 - 5　功能评估检核表(FACTS-Part　A)①

步骤 1　学生/年级_____　日期_____　采访者_____　回答者_____

步骤 2　学生档案:请确定至少 3 种学生给学校带来的好处或贡献

_____

_____

---

① 参考网站:www.PBIS.org,游语教育整理翻译.

步骤 3　问题行为:确认问题行为

____行动缓慢的	____打架/身体攻击	____破坏性的	____偷窃
____反应迟钝的	____不恰当的语言	____不服从	____故意破坏
____孤僻的	____言语骚扰	____无法完成工作	____其他____
	____言语不当	____自伤	

描述问题行为 _____

步骤 4　确认常规:地点、时间以及和谁在一起问题行为通常会发生

时间表(时间)	活动	问题行为的可能性		具体的问题行为
		低　　　　　高		
		1　2　3　4　5　6		
		1　2　3　4　5　6		
		1　2　3　4　5　6		
		1　2　3　4　5　6		
		1　2　3　4　5　6		
		1　2　3　4　5　6		
		1　2　3　4　5　6		
		1　2　3　4　5　6		
		1　2　3　4　5　6		
		1　2　3　4　5　6		

　　选择 1—3 个常规进行深入地评估:选择常规基于①相似的活动(环境)4、5、6 等级,②相似的问题行为。完成 FACTS-Part B 对每一个常规进行确认。

表 3‐6　功能评估检核表（FACTS-Part　B）①

步骤 1　学生/年级_____　日期_____　采访者_____

　　　　回答者_____

步骤 2　常规/活动/背景:哪一个常规（只有一个）是从 FACTS-Part A 评估中

　　　　来的

常规/活动/背景	问题行为

步骤 3　提供更多关于问题行为的细节

问题行为看起来像什么？ 问题行为多久会出现？ 问题行为从出现开始会持续多久？ 问题行为的强度/危险水平是多少？

步骤 4　什么事情会预示着问题行为发生的时候（预测）

相关问题（背景事件）		环境因素	
____疾病	其他_____ _____	____谴责/纠正	____结构化的活动
____药物		____生理需求	____非结构化时间
____负面的社会		____社会孤立	____任务无聊
____家庭中的冲突		____同伴交往	____活动时间太长
____学业失败		____其他	____任务太困难

____

①　参考网站:www.PBIS.org,游语教育整理翻译.

步骤5　最有可能维持问题行为的结果是什么

获得		逃避或离开	
＿＿＿成人的注意 ＿＿＿同伴关注 ＿＿＿偏好的活动 ＿＿＿钱/物品	其他＿＿＿＿＿ ＿＿＿＿＿＿＿	＿＿＿困难的任务 ＿＿＿谴责 ＿＿＿负面的同伴 ＿＿＿体力 ＿＿＿成人的关注	其他＿＿＿＿＿

步骤6　总结行为

确认总结将用于建立行为支持计划

背景事件&预测	问题行为	维持结果

步骤7　对于行为总结的精确性你有多自信

不是很自信					非常自信
1	2	3	4	5	6

　　除了间接收集法外,还有直接收集法。直接收集法是指影子老师通过观察直接得到的信息。游语影子老师项目常运用散点图(见图3-5)和行为 ABC 观察记录表(见表3-7)来获取信息。

　　散点图可以记录问题行为的高频发生时段,横坐标代表观察记录的天数,纵坐标则是每天的时间段。空白格表示在这个时间段中没有出现问题行为,有一个斜杠的格表明问题行为在这个时间段出现了1次,涂黑的格表示问题行为出现了2次及以上。有了这些初步的信息之后,我们可以去观察在这段时间里到底发生了什么、哪些因素让孩子产生了问题行为？

行为定义：_____

观察者：_____ 开始日期：_____

□ ____ ◨ ____ ■

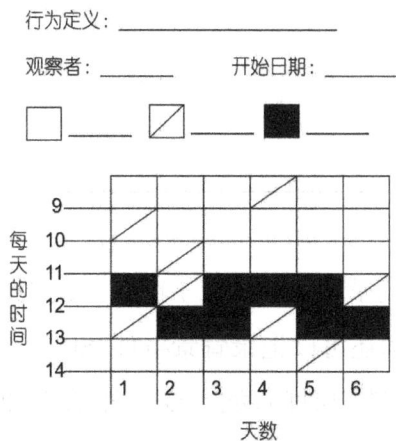

图 3 - 5 散点图

找到了问题行为高发的时间段之后，影子老师可以用《行为 ABC 观察记录表》（表 3 - 7）来详细记录问题行为的前事、行为表现及结果。记录一段时间之后，问题行为的功能便会逐渐明了。

表 3 - 7 行为 ABC 观察记录表

学生姓名：_____

行为定义：_____

日期/ 时间	活动/ 地点	前事（A） 描述行为出现之前 发生了什么	行为（B）	结果（C） 行为出现后 发生了什么

（续表）

　　行为 ABC 观察记录表主要记录了前事（A）、行为（B）和结果（C），如果条件允许，影子老师还可以记录背景事件（SE）。

　　背景事件是指在特定时间，能改变立即前事和行为之间关系的因素。背景事件发生在个体的环境和日常生活中，不是立即发生在行为问题之前，而是比较遥远的事件或因素，例如：生理/心理因素（生病、饥饿、疼痛、睡眠不足、药物等）、物理环境/活动因素（活动时间、光线、声音、教室空间、不熟悉的环境、活动更改、活动强度等）、社会/家庭因素（假期、交通、家庭矛盾、亲子关系、师生关系等）……

　　总的来说，行为观察记录可以按照 SE—A—B—C 的思路去做（见图 3 - 6），而且这个思路不仅可以用于观察记录问题行为，还可以用于观察记录期待行为和替代行为，这样非常便于收集各种行为数据。图 3 - 7 是 SE—A—B—C 行为分析例子，可以作为一个简单的参考。

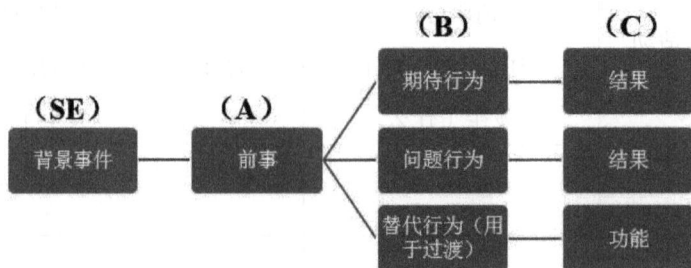

图 3 - 6　SE—A—B—C 行为观察记录思路

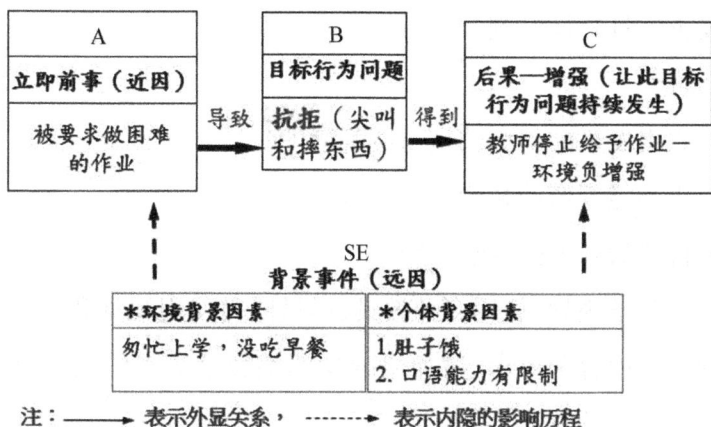

图 3-7 SE—A—B—C 行为分析例子①

● 制定和实施行为干预策略

通过间接或直接的信息收集方法,影子老师能够初步推断出一些与问题行为密切相关的因素,了解到这一行为是在何时、何地、为何发生,从而识别出此异常行为对该儿童所起到的功能,拟定出有效减少或消除该行为的行为干预策略。

策略一:情境因素(行为前事)的调整——围绕 SE、A 的策略

—重新安排环境中的人

—调整导致行为问题的物理环境(如:调整座位、调整教室里桌椅家具的摆设,减少噪音或其他可能分心的物件)

—调整活动的地点、时间

—消除或减少诱发行为问题的刺激

—设定清楚和适当的期待

—建立明确、可预测和配合个体需求的作息

---

① 钮文英. 身心障碍者的正向行为支持[M]. 心理出版社股份有限公司,2016.

—妥善安排转换时刻

—预告

—加入引发正向行为的提示或刺激

—提供功能等值的替代感官刺激

—安排非后效增强(或注意)

—调整教学规划(使用多种教具、尽量同时使用视觉和听觉指令、增减教学内容和要求、增加或减少调整教学活动的类型、延长或缩短各活动的时间)

—调整教学技巧(根据学生学习上的个人习惯,在他/她兴致比较高的时候引入难度较高的内容,并且在进入下一个较难内容之前让他/她有机会放松放松、制作学生易于观看和理解的视觉化的时间安排表、事先跟学生一起商定好某种信号,在他/她出现不配合的时候用来提醒他/她,使他/她重新平静下来、调整教学进度和活动)

—提供符合个体能力、兴趣与需求的课程和活动

—调整作业或工作(内容、难度、分量、长度、使用的材料、完成方式、完成时间、工作伙伴)

—改变从事活动的位置或姿势

—调整学习或工作时间表

—改变互动方式

—使用教导的控制建立服从指令的行为

—称赞:就近称赞正当行为(就近称赞,称赞当事人或者称赞当事人附近的人)。快速改变行为的"诀窍"——称赞他的正向行为

—一个句子干预:句子范式是"我注意到你……"(如:小明,我注意到你今天跑步跑了两圈,有进步!)——表达关心,关注闪光点。频率是:一周至少两天+三周

— 代币制：口头表扬作为社会性强化一开始并不会有效，因此需要代币制。代币制有利于改善 80% 的轻度的行为问题。但使用代币制过程中要慎重扣分，如果把加分全部扣完反而有可能引发新的问题行为。

— 提供选择的机会：这有利于实现自我决定、化解冲突、改善关系，但要注意以下几点：①选择不是做或不做，而是做哪一种（例子：你想跟我读还是跟王老师读？而不是你是想读，还是不读）；②选择的范围是老师可以接受的；③如果学生都不选怎么办，影子老师需要亮出底线，比如跟对方说"既然你无法做出选择，那我来帮你做选择"。表 3-8 以晨间刷牙为例，将不同分解步骤可做选择列于右列。

表 3-8　标准的工作分析和提供选择的工作分析①

标准的工作分析	提供选择的工作分析
	1. 要现在刷牙还是吃完早餐后刷牙
1. 去洗手间	2. 选择一个洗手间（楼上或楼下）
2. 拿起牙刷	3. 拿起牙刷
3. 把牙刷弄湿	4. 把牙刷弄湿
	5. 选择喜欢的牙膏
4. 把牙膏挤到牙刷上	6. 把牙膏挤到牙刷上
5. 刷牙	7. 刷牙
6. 把口中的牙膏吐出来	8. 把口中的牙膏吐出来
7. 冲洗牙刷	9. 要先冲洗牙刷还是先漱口
8. 把牙刷放回架子上	10. 再完成上一个步骤的另一项（漱口或冲洗牙刷）

① 钮文英. 身心障碍者的正向行为支持[M]. 心理出版社股份有限公司，2016.

（续表）

标准的工作分析	提供选择的工作分析
9. 漱口	11. 把牙刷拿开
	12. 选择一条毛巾（用来擦拭嘴巴）
10. 用毛巾擦拭嘴巴	13. 擦拭嘴巴

策略二：行为教导——围绕 B 的策略

特需学生不表现期待行为有可能是能力或动机的问题。如果是动机的问题，则可移除阻碍学生表现动机的因素，提升他表现期待行为的动机。如果是能力的问题，则应教导他另类技能，这也是积极行为支持所强调的。另类技能包括替代技能、适应和容忍的技能、一般适应技能。替代技能是指与目标行为问题功能相同的替代技能，也就是教导学生用替代行为取代目标行为问题的功能。学生有时会面临无法避免的情境，或是学生需求无法立即被满足的情况下，影子老师可以教导他适应和容忍技能，包括应对愤怒、压力、焦虑等情绪，以及等待和容忍技能。一般适应技能虽然无法替代行为问题，但可以扩展学生的能力，使其更能面对和处理问题情境，以预防行为问题的发生和支持行为的改变，以及提升生活质量。一般适应技能可包括以下技能，这些技能若能替代行为问题的功能，则亦可作为替代技能：沟通技能、社交技能、作选择和决定技能、休闲技能、日常生活技能……（钮文英，2016）

策略三：后果控制——围绕 C 的策略

—忽略

—自然后果策略

—逻辑后果策略

—正增强策略（肯定、鼓励、表扬……）——是最常用的策略

— 差异性强化策略(孩子仍然有问题行为时,依然可以奖励,奖励进步)

— 运用负增强策略

— 赞美和提示其他人表现的正向行为

— 矫正性反馈标的行为问题

— 重新指令正向行为

— 以问题解决的形式回顾和讨论

— 设计危机处理计划

策略四:针对危机、冲突、崩溃的小建议

➢不应该做什么

— 不要大声说话

— 不要使用负面陈述或威胁

— 不要拿走儿童喜欢或感觉舒适的材料/活动

— 不要使用生气的语气或身体语言

— 不要惩罚

➢应该怎么做

— 用平静的声音

— 尽量减少词汇的使用,即减少语言

— 移开潜在的不利材料

— 重申你明白他们很不高兴

— 等待

— 修复关系

策略五:自我教导策略

以第一人称口吻写的小短文可以用来帮助特需儿童个体练习自我

教导,过程是影子老师根据学生行为,通过回答以下问题书写短文:我做错什么? 为何我不该做这个? 我该做什么? 如果我这么做,会发生什么?

■ 示例:当我想和大鹏玩时,<u>我推大鹏</u>是不对的。(**我做错什么?**)我用"<u>推人</u>"这个方法,大鹏非但不和我玩,还把我推倒,并且报告老师,之后不管我做什么他都不理我了,表示大鹏不喜欢我推他,他甚至会以为我想打他。(**为何我不该做这个?**)当我想找大鹏玩时,我最好先看看大鹏在正做什么,如果他在写作业,或者在跟别人说话,我就先不要去找他,因为他可能没有空理我。如果大鹏现在没有事做,我想我可以走到他旁边,轻轻地拍拍他的肩膀,笑着地跟他说:"哈喽! 大鹏。"等他看我了,我就可以问他:"我可不可以和你一起玩?"(**我该做什么?**)我用"打招呼和询问"这种方式,大鹏会觉得我很友善,而且知道我想跟他玩,这样他就会跟我一起玩了。(**如果我这么做,会发生什么?**)

五、如何提供生活技能支持?

1. 自己穿衣、系扣子、拉拉链

● 自己穿衣服

➤常见表现

"你快点!""穿好了吗?""快来吃饭了!""你怎么还没穿好!"相信不少家庭的早上都能听到这种声音,而最终的结果不是孩子在家长的批评声中慢慢地哭着穿好衣服,就是家长为了赶时间快速的帮孩子把衣服穿好,有的家长最后还会附带地说一句"下次再这样我就不帮你穿了"。

对于不少儿童来说,早晨穿衣是一件很困难的事情。但如果我们能尽早地找到儿童在穿衣问题上遇到困难的原因,就可以很好的帮助儿童解决这一问题。

日常生活中,不少的爸爸妈妈会发现,不同儿童表现出的穿衣困难的问题也各不相同。有的孩子是根本不穿衣服,每天都要光着身子在家里跑来跑去,或只愿意穿某种衣服;有的孩子也在很努力地穿衣服,但会把衣服一会翻过来、一会翻过去、一会把手伸到衣袖里、又一会把手伸到领口里,时间过了好久也没有穿好衣服;还有的孩子一到穿衣服时,就要上厕所、喝水、来回跑,直到被骂一顿,帮忙把衣服穿好为止。

因此,在分析儿童穿衣困难的行为时不能局限于某一种固定的情境,而是要综合全面的分析。我们分析孩子表现出穿衣困难大致有三种情境:一种是孩子逃避穿衣服这件事情;另一种是孩子穿衣服的步骤混乱;还有一种是孩子逃避自己穿衣服,等待家长的辅助。

➤产生原因

(1) 儿童的感知觉障碍。儿童出现不愿穿衣服的行为,尤其是伴随强烈的情绪反应的行为,有可能是他们本身存在一些感知觉障碍,如存在触觉超敏、触觉弱敏或触觉防御的现象。部分儿童由于衣服的材质过于粗糙而造成身体的不良感受或之前的一些不愉快的穿衣经历从而导致他们不愿穿衣的行为发生。还有部分儿童存在触觉弱敏的现象,只喜欢穿粗糙质地的衣服,当衣服换成更加柔软的材质时就会出现情绪问题,拒绝穿衣,直至衣服材质更换成粗糙材质为止。

另外,部分儿童除了出现触觉感知障碍以外,还常出现嗅觉异常的情况。常常有儿童对新衣服很是反感,只愿意穿清洗了很多遍的衣服,这大部分原因是新衣服上有一些不好的味道,让儿童不喜欢甚至是感到不舒服。通常情况下,嗅觉障碍同时会伴随触觉障碍出现。

同时,也有部分儿童存在压力感知障碍。有的喜欢宽松的衣服,一穿紧身衣服就会要求脱掉;有的喜欢穿紧身衣或穿很多衣服以达到压迫皮肤的目的。

（2）儿童基础能力限制技能发展。部分家长会反映，他们的孩子愿意穿衣服，只是每次穿衣服的速度太慢，感觉像在玩衣服，让人很生气。但专业又细心的大人会发现，这部分孩子其实并不是不认真对待穿衣服这件事或者在玩衣服，很多时候，可能是因为某些基础能力较弱限制了穿衣服技能的发展。穿衣服涉及的基础能力有：基本常识认知、基础动作概念的理解与执行能力和步骤类规则的理解与执行能力。有的孩子因为对一些常识性认知存在困难导致不能很好地理解指令；有的孩子因为关节活动能力较弱或上肢力量弱或各肢体间协调能力弱等原因导致穿衣速度慢或者穿不上衣服等情况的发生；还有的孩子对穿衣服的步骤或规则不能很好地理解和记忆，从而导致在穿衣服的过程中不知道先穿哪里，后穿哪里；哪个是第一步，哪个是第二步……

（3）家长过度代劳，儿童易习得性无助。一部分家长会认为孩子年龄还小或孩子能力较弱，不能独立完成穿衣服的任务，为避免麻烦而代劳，帮孩子穿衣服，直至有一天觉得孩子该会穿衣服了，但孩子却不会穿衣服；一部分家长性格较为急躁，当孩子出现因为对穿衣服步骤不清楚或本体觉较弱而导致动作笨拙而缓慢的情况时，家长会着急代劳；还有一部分家长本能地认为孩子应该掌握穿衣服的技能，当面对孩子穿衣服失败时处理策略较为简单粗暴，而孩子为了避免再次受到责骂而产生退缩，家长开始代劳。

➤解决策略

导致孩子出现穿衣服困难的原因有很多，但无论是什么原因，都说明当前儿童已获得的能力与穿衣服所需要的能力有一定的差距。而且经过分析发现，家长不正确的处理方式在一定程度上增加了孩子障碍发生的概率。因此，在解决儿童穿衣困难的问题时，一方面要尽可能的恢复儿童正常的感知觉水平、提高儿童基础能力的发展、培养正确的穿衣习惯；另一方面要引导家长学习正确的处理方式如：任务分析法，正确的辅助与强化手段。

（1）日常生活中多增加对孩子的感知觉刺激练习。游语一直强调"堵不如疏"，在有意义的环境下功能性满足儿童的感觉刺激的需要，帮助孩子平衡感知觉。如：洗澡时使用不同质地的毛巾、澡巾、浴花、沐浴露等进行刺激；睡前或睡醒后用触觉球简单的按摩；一点一点改变刺激物的质地，让儿童对衣服产生稍微有点不舒服，但还能忍受的感觉等。

（2）增加儿童的基础能力的训练。穿衣服的两个基本技能：一是基础动作概念的理解与执行能力，二是步骤类规则的理解与执行能力在很大程度上限制了儿童穿衣服技能的发展。因此，家长可分步骤的教授儿童这些基本技能，如：动作技能，拉、翻、套、拽、卷等；针对步骤理解困难的孩子，可制作可视化的步骤提示牌，让孩子根据提示穿衣。同时可选择合适的衣服练习，遵从一定顺序：从简单的衣服练习到难的衣服，从硬的练习到软的衣服。

（3）正确地认识、引导孩子。家长应该正确地认识到孩子的现有能力，对孩子做出高出能力一点的期待并提出相应的要求，相信孩子可以完成独立穿衣的任务，这也是最近发展区在生活康复中的应用。同时家长也应积极看待孩子的失败，清楚认识到孩子不能完成独立穿衣的任务更多的是因为孩子的生理问题，积极寻找更多的办法来帮助孩子，孩子在穿衣问题上小有进步时要及时准确地鼓励孩子以增强信心。

● 系扣子、拉拉链

与自己穿衣服问题一样，系扣子、拉拉链问题也是生活自理问题中的一小块的内容，其具体的表现也与自己穿衣服的表现类似，但与之不同的是，系扣子、拉拉链的问题更易导致儿童因失败而引起挫败感。从长远发展来看，这对儿童的成长是极其不利的。

通过长期的观察我们发现了一个非常有意思的现象！部分儿童（尤其是大龄儿童）在日常生活中系扣子、拉拉链方面的问题并不是很严重，但在一些生活技能的训练课堂上系扣子、拉拉链的问题却十分严重。深入分析这一现象发现，不少儿童需要系扣子、拉拉链的衣服全部变成了套头衫，或者在孩子的衣服中基本见不到需要系扣子、拉拉链的衣服。

但不管是哪种情况，其结果都是大部分儿童在系扣子、拉拉链的技能习得上存在较大困难，这是老师和家长都比较头疼的问题。

➤产生原因

（1）儿童的感知觉障碍。部分儿童的身体触觉较敏感，当系扣子、拉拉链时，拉链或扣子会使身体产生压迫感，不舒服；也有部分儿童存在听觉敏感，不喜欢拉拉链时发出的哗啦哗啦的声音；还有部分儿童手部触觉刺激需求较多，喜欢系扣子、拉拉链时的手感而导致不停地系扣子、拉拉链。

（2）儿童基础能力限制技能发展。系扣子、拉拉链涉及的基础能力有：基本常识认知、基础动作概念的理解与执行能力，步骤类规则的理解与执行能力。有的孩子因为对一些常识性认知存在困难，如一一对应、类属关系，而导致不能很好地理解指令；有的孩子因为手指关节活动能力较弱或上肢肌张力弱或手部肌肉控制能力/手部小肌肉协调能力较弱，双手协调/手眼协调能力较弱等原因导致系扣子、拉拉链速度慢或者系不好扣子、拉不上拉链的情况的发生；还有的孩子对系扣子、拉拉链的步骤或规则不能很好地理解和记忆，从而导致在系扣子、拉拉链的过程中不知道先做什么、再做什么；哪个是第一步，哪个是第二步……

（3）畏难情绪影响能力发挥。大部分孩子是具备相关能力的，但可能由于之前在系扣子、拉拉链时有过不愉快的体验，因此，当再次需要他完成系扣子、拉拉链动作时，本能地产生抗拒或退缩。这一原因在处理起来比其他原因更加困难，因此，家长和老师需要特别注意。

（4）家长过度代劳，儿童习得性无助。一部分家长会认为孩子年龄还小或孩子能力较弱，不能独立完成系扣子、拉拉链的任务，为避免麻烦而代劳，帮孩子系扣子、拉拉链，或者一直给孩子选择不需系扣子、拉拉链的衣服或者把孩子的衣服进行改造，使扣子或拉链成为一个装饰品；另一部分家长本能认为孩子应该掌握系扣子、拉拉链的技能，当面对孩子系扣子、拉拉链失败时处理策略较为简单粗暴，而孩子为了避免再次受到责骂而产生退缩，家长不得不开始代劳。

➢解决策略

（1）帮助孩子锻炼平衡感知觉。日常生活中多增加对孩子的感知觉刺激练习，游语教育"堵不如疏"的原则勿忘！

（2）制作可视化的步骤提示牌。让孩子根据提示系扣子、拉拉链。家长可自己分解步骤，自己拍照片。拍照时突出手的动作，步骤越细越好。

（3）积极看待孩子的失败。清楚地认识到孩子不能完成独立系扣子、拉拉链的任务更多的是因为孩子的生理问题，积极寻找更多的办法来帮助孩子，孩子小有进步时要及时准确的反馈——鼓励孩子以增强信心。

（4）使用替代品的同时加强精细动作练习。需要提醒的是，游语提倡在孩子还未掌握系扣子、拉拉链的技能前，家长可为孩子准备套头衫等衣物来代替，鼓励孩子以增强信心。但在使用替代品同时也应加强对孩子精细动作的练习，为其后续穿此类衣服提供信心而不是单纯的逃避系扣子、拉拉链。

2. 洗澡、刷牙、口腔敏感

● 洗澡

➢常见表现

洗澡对于人体来说,是一个很好的保持皮肤清洁、保护身体健康的行为,而且洗澡的动作也很容易完成。但对于特需儿童来说,洗澡还存在着各种各样的问题。小辛(化名)妈妈曾和游语的老师倾诉过,对于小辛来说,每天晚上的洗澡是一天里最难熬的时间,而且后来发展到晚上天一黑,小辛就开始焦虑,在家里来回走动,自言自语。时间越晚,小辛的焦虑情况越严重,会出现哭闹、自伤的行为。

但开心(化名)的情况与小辛正好相反,开心每天最喜欢的事情就是洗澡,晚上要洗澡,早晨也要洗澡,一洗就是一、两个小时,夏天到了以后天天都要求去游泳,游泳时也不像其他孩子一样学习游泳动作,就是在水里泡着。

虽然,小辛和开心对待洗澡的表现不同,但都存在一定的问题。家长和老师在面对不同的情况时也应该采取不同的方式,高效地解决问题。

➤产生原因

(1)感知觉刺激需求大。部分儿童的感觉刺激需求量大,喜欢水流冲刷身体的感觉,喜欢听水流到皮肤上的声音,喜欢被某一温度的水浸泡以及水对皮肤造成的压力,喜欢沐浴液涂在身上滑滑的感觉等等。因此,他们往往一开始洗澡就很难停下来,即使因为洗澡时间过长而可能感冒,也要一直洗澡。

(2)感知觉敏感。部分儿童存在触觉、嗅觉感知敏感的特点,不喜欢脸上/身上有水的感觉,不喜欢沐浴液涂在身上滑滑的感觉,不喜欢听水流的声音,不喜欢闻洗发水或沐浴乳的味道等等。另一部分前庭较为敏感或平衡能力较差,不喜欢洗澡时经常或突然变化动作,如抬脚、弯腰,不喜欢洗头时仰头或闭眼。

(3)儿童基础能力限制技能发展。儿童已习得的动作技能不足以完成洗澡的任务,或力量不够/关节的活动性较弱,或双手协调/手眼协调/手脚协调能力较弱;同时部分儿童对洗澡的步骤不清楚或逻辑混乱,可能出现先干涂了沐浴露,再冲水,或不脱衣服就冲水等情况。

➤解决策略

(1)平衡感知觉需求。对于需求量大的孩子,家长可经常带孩子去游泳、泡温泉,或者学习一些水里的运动,如水球等,以满足刺激需求。对于触觉感知敏感的孩子可以从洗脸开始,逐步适应水流/乳液涂在脸上或身上的感觉,做一些锻炼前庭功能的练习。

(2)增加基础能力的训练。制作可视化的步骤提示牌,让孩子根据提示洗澡(先洗⋯再洗⋯)。家长可自己分解步骤,自己拍照片。拍照时突出每一步的具体动作,步骤越细越好。此外还可以做一些肢体协调能力、肌肉力量的练习。

● 刷牙

➤常见表现

对于有些父母来说,每天早晨都是鸡飞狗跳的开始,好不容易督促完孩子穿衣服,又要开始让孩子洗脸刷牙,可孩子一听到刷牙就开始哭,硬要给孩子刷牙时,孩子的嘴怎么也不张开。而有些父母却在苦恼,孩子每次刷牙要刷很长时间,而且每天早晨至少要刷两次牙才愿意结束刷牙的动作。无论是哪种情况,浪费时间不说,对孩子的牙齿也会造成不好的影响。

➤产生原因

(1)口腔感知觉敏感,拒绝刷牙。有的儿童口腔触觉较为敏感,当牙刷柄或刷毛刺激口腔内侧时,会感到痒或痛。有的儿童味觉、嗅觉敏感,不喜欢牙膏的气味/味道/口感,导致儿童不愿意刷牙。也有儿童存在咽反射较为敏感的情况,刷牙方法不得当,刷的太深或时间太长,孩子会有想要干呕的感觉。常规下口内刺激与接触,不要超过舌后1/3,每个孩子敏感部位不一样,需要面对面诊疗,建议联系游游老师微信(rainbowplay1－10)进行口肌评估(包括儿童口腔敏感度的评估和指导咨询。)同时,不少儿童都伴随存在下颌关节不稳,咬合肌肌张力较低,无法保持长时间的张开状态。

(2)口腔刺激需求大。部分儿童口腔感觉需求量大,可能存在弱敏,喜欢牙刷刷某些位置,喜欢用牙齿咬牙刷,喜欢吃牙膏,喜欢用电动牙刷等。从刷牙的角度可能看不出其影响,但长久看下来,口腔刺激需求量大的儿童前期会通过咬、吃不同的东西来满足刺激需求;班级上课的时候可能会通过不停地说话或各种自言自语来满足刺激需求。

(3)儿童基础能力限制技能发展。少部分儿童因为手指肌肉协调能力、手眼协调能力、本体觉较弱,无法完成刷牙的动作,经常依靠大人辅助刷牙,或用漱口水漱口,来达到清洁口腔的目的。

➤解决策略

(1)降低口腔感知觉敏感度

父母可和儿童一起通过游戏或训练提高或降低口腔敏感程度。如用海绵棒蘸着酸奶刷口腔、多吃不同质地的食物、改用手指套刷牙,可以保证刷牙的深度和时长在孩子的承受范围内。

切记:无论什么样的口肌肌肉按摩训练,时间不能超过5分钟! 超过了的训练是无效训练,甚至会产生反作用!

(2)提高儿童基础能力

父母可引导孩子学习刷的概念,如刷鞋子、刷颜料、刷牙。刷牙时可先使用指套刷牙,让儿童更好的感知刷的动作;同时刷牙时可以看着镜子刷牙,及时关注到自己的动作。

● 口部触觉敏感

➤常见表现

口部触觉敏感是指人体对口部刺激的反应过度，语言治疗师称其为口腔触觉敏感或口腔触觉超敏。口部触觉敏感是大部分有言语语言障碍的儿童同时存在的问题，而不同的儿童涉及的敏感程度和敏感位置都不相同。对于儿童的口部触觉敏感现象应从敏感程度和敏感位置两方面来综合认识。

口部触觉敏感常常表现为当他人触摸儿童口外、口内及口周时，儿童做出躲避、作呕、紧闭嘴巴、拒绝触碰的反应，不喜欢刷牙、洗脸；不喜欢吃坚硬的食物；喜欢吃土豆、薯类等软软的食物。

一一妈妈在游语评估时反映，一一的奶奶为了防止喂养意外，同时觉得一一年龄太小、肠胃功能还未发育完全，所以一一吃的所有东西都被奶奶煮的十分软烂，而且还会用辅食剪剪的很细，而导致了一一口部触觉十分敏感，不愿意吃任何有硬度的食物。小小的生活细节中，我们也发现了父母与祖辈教养方式方法的不一致，很多时候也增加了儿童成功融合的阻力。

➤产生原因

（1）咽反射敏感，咽东西或吃东西的时候，触碰到舌头，就出现呕吐现象。

（2）喂养过于精细，孩子只愿意吃软的、温的、碎的食物。家长有时出于安全考虑，将儿童的食物处理的十分精细，让孩子很容易能吃完食物，这很大程度上减少了儿童锻炼口腔肌肉、满足口腔刺激需求的机会。

（3）口腔刺激需求量大，只愿意吃粗糙的、辣的、硬的，冰的食物。有的儿童口腔刺激需求大，已经出现了咬东西，喜欢吃重口味食物的特点，但家长没有及时关注并给予满足，所以造成儿童之原因吃能满足其刺激需求的食物。

（4）大人强迫喂食。有时孩子在因生理问题（生病、不饿）而不愿意吃饭时，家长仍硬逼着孩子吃饭，甚至是捏开嘴巴喂进去，这些行为都会让孩子更加的焦虑,害怕,从而逃避。产生类似口部触觉敏感的假象,实则是触觉防御。

➤解决策略

(1)从流质食物过渡到半流质最后到固体食物,从较软的固体过渡到较硬的固体。

(2)增加口腔刺激,满足需求。父母可为儿童提供一些粗糙程度不同的食物或者零食,在生活中尽可能地满足其口腔刺激需求。同时也可将儿童的牙刷更换成电动牙刷,使其在刷牙的同时能满足口腔刺激需要。

(3)不强迫孩子,鼓励孩子尝试,小步走,并且有明确的目标,同时让孩子清楚家长的目标。每次在练习前可以和儿童提前预告、或者采取游戏的形式来为儿童做口腔按摩。另外,也需要家长和老师共同制定好儿童的干预计划,每天一小步,最终一大步。建议联系游游老师微信(rainbowplay1-10)进行口肌评估(包括儿童口腔敏感度的评估和指导咨询。)

(4)增加按摩频率。口腔内的按摩技巧是用手指按摩牙龈,由前面的牙龈到臼齿的牙龈部分,来回抚压上下牙龈,也可以采用口腔振动按摩棒,选择温和刺激的胶头。如果磨牙比较严重,可以在两边臼齿侧边牙龈多加按摩。当孩子的口腔可以接受手指头的刺激后,可以增加不同的感觉刺激:用纱布绕在手指头上沾开水,做口腔的按摩;逐渐更换至粗糙一些的布做按摩;用不同温度的水等。同时按摩也应该从不敏感的区域来开始,如:手、背等,做有压力的抚压技巧;慢慢进行至肩部到脸颊,最后口腔周围,最好用口腔海绵棒或振动按摩器操作。当儿童可以接受你的手在他的口腔周围做抚压刺激时,可以进行口腔内的按摩。

3. 安坐就餐、准时出门、购物

● 就餐安全

就餐安全问题是困扰多数父母的社会融合问题,特需儿童需要经常外出融入社会,但在此过程中,不仅存在许多安全隐患,而且因为儿童的某些生理原因,导致家长情绪不好,儿童情绪崩溃的情况也时有发生。

就餐安全问题常常具体表现在两个方面:第一,就餐时不能安坐,经常坐摇右晃,时不时要站在凳子上,或者要跑出去看看。这些动作不仅十分的危险,而且会给他人造成不便。这一行为也让家长很是头疼,家长有时还没有吃好,儿童就要出去,家长不得不陪着,一顿饭下来家长筋疲力尽,儿童也少不了被家长数落。第二,安全意识差,对一切事情都感兴趣。有的家长带儿童去吃火锅、烧烤、西餐等,这些食物虽然好吃,但在食用过程中也存在很大的安全隐患,儿童可能对燃具、滚烫的锅、烧烤盘、烧烤签、刀叉等充满了兴趣,想要探索,却不知这些东西十分危险。因此,会出现家长不停地说"不准碰""手放好"等指令。

对特需儿童而言,他们常表现出以自我为中心,听指令能力、执行指令能力、规则意识和安全意识都相对薄弱。但无论怎样,作为家长和老师,都应该找准原因,帮助儿童解决相关问题。

➢产生原因

(1) 本体觉失调。儿童本体感觉失调,则不能很好地感知自己身体所处的位置,以及自己和周围物体的关系,而部分餐厅并没有为幼儿设置合适的儿童座椅(大部分餐厅的儿童座椅只适合 0—3 岁的婴幼儿),因此,儿童坐普通座椅时脚不能触及地面,会产生强烈的不安,并出现蹲在/跪在椅子上的情况。

(2) 感觉刺激需求量大,儿童长时间安坐后,需要通过不停地变换姿势来满足自己的感觉刺激需求。如,在座位上转过来转过去,站在旁边原地转圈或蹦跳,在餐厅里奔跑等。孩子对嘈杂的声音,食物的味道等不喜欢而出现焦虑的情况,想要逃离用餐环境。

(3) 安全意识差。部分孩子安全意识差,对基本的安全常识没有概念,如:火、电很危险,不能碰;锋利、带刺物品不能碰、走路不逆行等。在就餐过程中,会对自己感兴趣的事情持续探索,触碰燃具、滚烫的锅、烧烤盘等;把玩烧烤签、刀叉等锋利物品。因此可能会出现安全事故,如烫伤、扎伤、切伤等。

➤解决策略

(1) 大人理解儿童行为。儿童出现就餐安全问题的大部分原因是生理需求需要得到满足。因此,大人应该理解、尊重儿童的需求。用鼓励的方式正向引导儿童约束自己的行为。

(2) 安排合适的儿童餐椅,允许孩子变换姿态吃饭。家长带儿童外出就餐时,家长可以自行携带一个适合儿童的坐垫放置在儿童座椅上或普通座椅上,让儿童坐的更加舒适。另外如果就餐时间过长,则可允许儿童吃好后起来活动一下(走一走)。

(3) 增强儿童认知,学习安全常识、建立安全意识。大人可通过视频、绘本、假想扮演游戏等引导儿童理解安全常识,建立安全意识,制定安全规则。

● 准时出门

➤常见表现

准时出门不仅体现了儿童具有时间意识,也体现了儿童能很好地处理出门前所有事情。而我们大部分儿童因为多方面原因的影响而导致不能准时出门。另外,伴随不能准时出门的还有家长和儿童的情绪问题,如生气、害怕、伤心、烦躁等。

影响准时出门的事件一般有起床困难、穿衣困难、洗脸刷牙困难、早餐困难、穿鞋困难等。而这些事件在前文已有描述，此处就不再赘述。

➤产生原因

（1）父母无法时刻提供辅助与监督。早晨爸爸妈妈事情多，突发状况比较多，安排混乱引发孩子焦虑。家长早晨处理自己工作的同时还要兼顾自己和孩子的出门准备工作、早餐的家务问题，所以常常不能持续地监督儿童的完成情况，在儿童有需要辅助的时候不能及时提供辅助。

（2）孩子过于依赖父母帮忙。父母早晨常常为节省时间而帮助孩子做很多事情，孩子自己逐步丧失自理能力，当家长不愿意再帮忙时，儿童拒绝独立完成任务，而拖延时间。

（3）儿童焦虑导致情绪崩溃。早晨常常出现突发状况，父母又要赶时间又要处理相关的突发状况而常常感觉很焦虑，同时避免不了和儿童发脾气，责备儿童。而儿童又因为父母焦虑而焦虑，因为家长的责备而产生哭闹行为、情绪崩溃。

➤解决策略

（1）提前制定出行计划表。父母前一天晚上提前计划第二天早晨自己和孩子必须要做的事情，并做好时间计划，同时第二天预留一定的时间以防止意外发生。如图：

序号	时间	事件	完成情况
1	07:00-07:15	起床：穿衣服、裤子/裙子、袜子	☆☆☆☆☆
2	07:15-07:30	整理床铺：叠被子、整理床单	☆☆☆☆☆
3	07:30-08:00	洗漱：洗脸、刷牙、上厕所	☆☆☆☆☆
4	08:00-08:30	吃早餐：主食、蔬菜、牛奶/豆浆	☆☆☆☆☆
5	08:30-08:40	拿书包、穿鞋等待	☆☆☆☆☆

（2）提前学习相关项目的基础技能。儿童做事拖延的大部分原因是相关动作技能发展较弱，以及相关步骤逻辑不清晰。家长在晚上、周末等时间较为充裕的时候教孩子掌握必需的自理技能，以提高平时的

效率。

（3）有的儿童早晨起床后大脑觉醒较为缓慢，动作启动较慢，影响了工作效率。因此家长早晨可尽量保证孩子平静中略有些兴奋的状态，提高参与度，常用的方法：播放儿童喜欢的歌曲、允许儿童在蹦床上蹦蹦跳、允许儿童在家里跑一跑。

● 购物

➤常见表现

对于普通人来说，外出买东西、逛超市、商场购物是一件值得开心的事情，可以购买自己喜欢的东西、可以去自己喜欢的地方、可以去玩自己喜欢的玩具。但是对于特需儿童来说，买东西所面对的挑战很大。有的孩子站在商场门口就是不愿意进去；有的孩子好不容易进入商场，待不了一会就吵闹着要离开；有的孩子进入商场后，遇到自己喜欢的东西就走不动；有的儿童进入超市不会购物，购物时横冲直撞等等。

悠悠（化名）妈妈也有相同的困扰，悠悠原来很愿意去商场购物，但有一次商场大厅中放置了一个儿童乐园，并且配置了两个大型风扇。悠悠在看到风扇后就不再愿意去商场大厅，过了一段时间发展到不愿意进入那个商场，最后发展到不愿意进入所有的商场。

➤产生原因

（1）儿童感知觉敏感。商场里吵闹的音乐声，不同店铺的香水味道，不同商品区域的温差变化，商品的颜色，灯光的颜色，变化强烈，冲击力强，导致孩子焦虑、无序感加强。

（2）儿童兴趣点单一、对兴趣选择执着。部分儿童对于自己喜欢的某类物品十分着迷，如：旋转的广告箱、闪烁的灯箱、特定的广告。儿童遇到喜欢的物品会停留观看时间过久，不愿离开，家长强制要求离开时，儿童会产生情绪行为问题。

（3）不理解社交规则，感觉刺激需求大。部分孩子在进入商场或超市后，会跑来跑去，这是因为商场和超市的路线设计以直线为主，而且距离较长，路面较为宽阔。儿童认为这是他满足感觉刺激的好地方，所以会在商场跑来跑去。另外，商场的购物规则的理解与执行能力弱，儿童不清楚在超市里应该怎么走，可以做什么，不能随意地拿东西/撕开包装袋。

（4）本体感知能力弱。儿童本体感知觉较弱，不能很好地判断他自己的方位和周围环境的距离。儿童在商店里跑来跑去时，会撞倒商品或他人。

➤解决策略

（1）提前预告情况。父母可在购物前告知儿童可能发生的事情，让儿童有所准备，或帮助儿童做好准备，告诉他解决这些问题的策略。

（2）提前制定购物规则。在儿童去购物前，父母可通过游戏的形式，引导儿童理解、掌握购物的规则，以期减少意外发生的概率。如，付过钱才可以打开物品包装；一次只能买一个零食等。

（3）针对孩子遇到的困难进行训练。父母可以通过观察、分析儿童抗拒、喜欢某一事件的原因，并进行针对性训练，如孩子害怕风扇，大人可以从介绍风扇、学习机制入手，逐渐消除儿童的恐惧心理。

4. 入睡准备、睡眠障碍、聚会社交、手足互动

● 入睡准备困难

➤常见表现

无论是普通儿童还是特需儿童或多或少都存在一定的入睡准备困难的情况，入睡准备困难的行为最常见的是拒绝睡觉，严重者会通过各种情绪行为问题加以拒绝。如儿童可以很好地配合家长洗澡、换睡衣、喝睡前奶等活动，但当家长要求孩子进入卧室睡觉时，儿童就开始抗拒：

转移家长注意力、耍赖、发脾气、哭闹等,直至成功。另外,也有的儿童在做入睡准备工作时出现困难,如刷牙、洗脸动作缓慢、害怕洗澡等。

还有的儿童一到晚上就拒绝睡觉,拒绝做任何准备工作,可以一晚上不睡觉,但到白天就昏昏欲睡,有时也会在白天睡一整天。这一现象给父母带来了极大的困扰,严重扰乱了正常生活规律。

➤产生原因

(1) 儿童晚上摄入不适合的食物。有的家庭饮食习惯不健康,晚上会摄入一些高油高脂高糖的饮食。而对于儿童来说,晚餐吃得过饱、过油腻、过甜,或食用了容易兴奋的食物,如香蕉、巧克力甚至是咖啡等食物,都将影响儿童的入睡工作,导致儿童睡前兴奋,不易入睡。

(2) 儿童睡前游戏过于激烈。有的儿童在睡前会玩一些竞技性较强的游戏,游戏中儿童玩得太过剧烈,游戏结束后情绪不能很快的恢复平静,导致入睡困难。

(3) 有的儿童家庭环境较为复杂,儿童在入睡准备过程中,环境较为嘈杂(大声喧哗、视频声音过大、打麻将等吵闹的活动),影响了儿童睡前的情绪,引起儿童的焦虑。

(4) 父母引导策略不当,导致儿童抗拒入睡。如果让儿童睡觉的指令十分突然,尤其是儿童正在做一些兴趣较足的活动,大人打断了儿童的活动,儿童不愿意结束,大人又强制结束时,儿童较易出现情绪问题,影响了儿童的入睡准备。

➤解决策略

(1) 儿童晚餐略微清淡。为减少儿童的肠胃负担,家长可在保证营养的前提下减少儿童摄入的能量。同时,尽可能避免儿童摄入易兴奋的食物,如:可乐、巧克力、咖啡、茶饮料等。

(2) 晚上的游戏尽量选择安静、兴趣一般、缓慢的、认知类的桌面游戏。让儿童缓慢进入入睡状态。

（3）儿童睡觉前有预告或有程序性的活动，如：你再看 5 分钟电影就去睡觉；洗澡、按摩、讲故事、睡觉。

（4）维持良好的睡眠环境。父母应该在家庭里尽量保证孩子有优质的睡觉环境。

● 睡眠障碍

➤常见表现

睡眠被称为第一康复技术。保证充足规律的睡眠，是儿童神经发育、体能恢复的最好方法。睡眠障碍是指人体在睡眠—觉醒过程中表现出来的各种功能障碍。睡眠量不正常以及睡眠中出现异常行为的表现，也是睡眠和觉醒正常节律性交替紊乱的表现。常见的表现有睡眠失调和异态睡眠等。而睡眠障碍在临床上有如下表现：第一，睡眠量不正常。包含睡眠量过多（长时间保持嗜睡或昏睡状态）或过少（整夜睡眠少于 5 小时，入睡困难、浅睡、易醒、早醒等）；第二，睡眠中的异常行为。包含梦游、梦呓、夜惊、梦魇、磨牙等。

对于睡眠量不正常的儿童来说，无论什么原因导致的睡眠量异常，都影响了儿童白天的精神状态及其情绪。小 P 就是一个睡眠量异常的儿童，小 P 每天只睡四个小时左右，白天也不需要睡觉。爸爸妈妈为了让小 P 能正常地睡觉，还尝试了针灸和针剂。但即使打了针，小 P 也能坚持不睡觉直到实在困得不行，同时第二天也很早起床。

而睡眠中的异常行为则受到之前或白天的情绪影响较大，同时因为这些异常行为，儿童的睡眠效率降低，影响了白天的精神。小 L 就是一个睡眠中存在很多异常行为的儿童，小 L 睡觉的过程中，会时不时地醒来看看妈妈在不在，妈妈如果在，小 L 就会继续入睡，如果妈妈不在，小 L 就会醒来不睡了。同时，小 L 在睡着的时候经常翻身，嘴里时不时会笑出声音。而睡醒以后，小 L 的精神状态也并没有得到很好的改善。

➤产生原因

（1）睡眠习惯导致睡眠不规律。许多孩子是由爷爷奶奶主带，爷爷奶奶会更加顺应儿童的心思，所以会存在什么时候想睡就什么时候睡，或午睡时间过长等问题，导致晚上睡不着觉的现象出现。

（2）儿童感知觉较敏感。每当季节、温度或睡眠环境略有改变时，儿童就难以入睡。

（3）感觉刺激需求量大，孩子想要不同的运动或改变身体姿态以达到满足刺激需求的目的。

（4）有时白天过于紧张会让孩子夜间难以入睡。特需儿童容易感到焦虑，他们往往会出现睡眠困难。虽然这些压力情境往往只是暂时的，但有时仍必须考虑白天如何能减轻压力，提高孩子晚上的入睡能力。

➤解决策略

（1）对待睡眠问题家长可保持温柔而坚定的态度，和儿童提前订好规则并认真执行。

（2）大人睡前可帮助儿童按摩以满足刺激需求。

（3）大人关注白天什么活动会对夜间睡眠产生影响，且要在下午四点前结束小睡。

（4）避免在卧室惩罚孩子，卧室是用来睡觉的地方，可以帮助儿童理解白天与夜间活动的区别。玩玩具和看电视都是白天的活动。

（5）建议移走儿童室里所有的电视、手机、电脑和其他电子游戏设备。儿童可能不喜欢这样的变化。如果儿童习惯睡前看电视，可逐晚降低电视的音量和屏幕亮度。从小的变化入手比一下子完全改变更容易。

● 聚会社交困难

➤常见表现

众所周知，自然的社交环境是特需儿童最合适的融合环境。但父母纷纷表示,带儿童参与社交聚会实在是困难重重,熟悉的人和他很友好地打招呼,他装作没有听见;去朋友家,他哭闹着不去;去别人家,经常和其他人发生矛盾,出现哭闹情绪。

➢产生原因

（1）儿童逃避社交。逃避型性格的孩子见到陌生的人或事,会主动回避,躲起来不见人,或视而不见,听而不闻。

（2）儿童社交方式错误。部分儿童有社交需求但不会用常人认同的社交方式。他们和参加家庭聚会的人打招呼或游戏的方式容易遭到他人的拒绝或反感。

（3）儿童感觉敏感。儿童在看到不熟悉的人、闻到不熟悉的味道、听到不熟悉的声音时会出现焦虑的情绪,从而导致在房间里奔跑、撞倒东西、大声喊叫/哭泣、情绪失控。

（4）儿童问题解决能力较弱。对待不熟悉的人发起的社交活动部分儿童不理解含义、不知道如何回应,如叫人、回答常识性问题、帮忙做任务……

➢解决策略

（1）大人带一个孩子喜欢的东西或食物作为安抚。在孩子不高兴的时候可以作为安抚,帮助儿童恢复情绪。

（2）提前预告。可在聚会前和儿童预告:如果在运动时感觉不舒服可以怎么做? 去其他房间、去外面走走……

（3）预告可能出现的问题。可以和儿童预告:今天的聚会中可能有人会亲亲你、抱抱你……你不用害怕,这是他们表达喜欢的方式。

（4）提前告知参与活动的人可以和孩子做什么,不能和孩子做什么? 如:微笑地回应、用简短而明确的话来表示确定等;不要过于保护,太特殊对待或代办太多。

● 手足相处困难

➤常见表现

部分特需儿童家庭会存在同时是二胎家庭的情况。但具体的情况又可分为两种：特需儿童年龄较大，普通儿童年龄较小；普通儿童年龄较大，特需儿童年龄较小。而因为特需儿童的存在，家庭中两个孩子的地位、相处模式都存在一定的问题。常见的表现有如下几种：

第一，普通儿童过于溺爱特需儿童。这种情况常见于特需儿童是年龄较小的儿童，家里提前和普通儿童预告：妹妹/弟弟是 xxx 问题，所以你要照顾他。普通儿童因年龄、认知水平受限，不能很好地照顾、引导特需儿童，心里会有一定的挫败感，同时，爸爸妈妈可能会因为特需儿童的一些问题责备正常儿童，使其认为爸爸妈妈不爱自己，从而抵触特需儿童。

第二，普通儿童过于忽视特需儿童。由于部分家长对特需儿童以养育为主、关注度较低等原因，对待特需儿童的方式简单粗暴。普通儿童模仿家长的做法，也十分简单粗暴的对待特需儿童。对于特需儿童来说，简单粗暴的教育理念很难正确的教育特需儿童，同时会让特需儿童产生自卑等情绪。对于普通儿童来说，不正确的对待特需儿童的方式对儿童整体价值观的形成也有所影响。

➤产生原因

（1）过于重视特需孩子。特需孩子耗费了家长大量的时间，家长也很希望特需孩子能够有更大的进步。对于典型发展的孩子，家长投入的时间和精力都很少，普通孩子可能会觉得爸爸妈妈不爱他，自己被忽视，或者自己就是为了特需孩子才出生的……在生活中会被要求帮特需孩子做很多的事情。普通孩子会对特需孩子有所抗拒或变得内向、自卑。

（2）忽视特需孩子。家长觉得特需孩子是个负担，"正常"的孩子才是希望。对待特需孩子的方式较为粗暴、简单。普通孩子会模仿家长的态度和行为对待特需儿童,同时逐渐产生和父母一样的观念。认为特需孩子很丢人,不愿意和特需孩子交往,也不愿意让同伴知道自己有一个特殊的兄弟姐妹。

➤解决策略

(1)建立正确的养育观。无论普通儿童还是特需儿童家长都应该树立正确的养育观:相信特需儿童是可教育;努力将普通儿童培养出德才兼备的人才。这样的养育观可以使普通儿童和特需儿童都获得较好的生活,家庭幸福感增强。

(2)树立家庭教育规则。游语鼓励父母们相信:特需儿童也是儿童,他们也具备儿童具备的能力,只是发展速度较慢。因此,在对待特需儿童时,也应该做到有底线、温柔而坚定的引导。这可以让特需儿童的行为更加具有社会性,更加适应社会生活。关于"有规则的自由",在游语实操性强的线下课程中会有多次操作。

5. 外出就餐、看电影、旅行

● 外出就餐

➤常见表现

在饭店就餐过程中发生突发情况的可能性增加,外界信息的刺激强度也随之增加,儿童可能发生的问题行为也越来越多。常见的行为有:不愿意进入饭店或进入饭店后很快逃跑出来、就餐时不停地跑开、就餐时大吼大叫或发出怪声、就餐动作粗鲁(饭、菜、汤洒在他人身上)、吃或破坏陌生人桌上的饭菜等。在上述几种行为中,就餐时不停地跑开及就餐时大吼大叫或发出怪声这两种行为发生频率最高,也最为让父母所关注和烦恼。而对于不愿意进入饭店或进入饭店后很快逃跑出来、就餐动作粗鲁(饭、菜、汤洒在他人身上)、吃或破坏陌生人桌上的饭菜等行为因发生频率较低而让家长很少关注。

从行为的后果来看,不同的问题行为对他人的影响是不同的,由此给他人带来的压力或负面情绪也是不同的。而在这种情况下,儿童的情绪也将受到影响,从而引发更多的问题行为或导致儿童情绪崩溃。

➢产生原因

(1)感觉敏感,饭店里吵闹的谈话声,不同声音的交错混杂,各种各样的人,饭菜的味道,灯光的颜色,变化强烈,冲击力强,导致孩子焦虑、无序感加强。

(2)本体觉失调,脚不能触及地面,孩子会出现蹲在/跪在椅子上的情况。

(3)注意力缺陷,对一件事情的注意力集中时间短,等餐/用餐时间过长,孩子难以安坐。

➢解决策略

(1)提前选择合适的位置和时间就餐。家长可以给孩子选择靠窗、人少的区域就餐,降低出现问题的概率。同时,在就餐时间方面,家长可以选择错峰就餐,避开人多拥挤的时间段就餐,减轻儿童的就餐压力。

(2)选择参照物以延长孩子安坐的时间。家长可以告诉儿童需要等待的时间,同时引导儿童观察时间或者号码牌,延长等待时间。

(3)可以随身携带按摩球帮孩子按摩,或携带感统垫让孩子就座,满足刺激需求。

(4)请儿童帮忙做一些程序性的工作,使其手里一直有事可做,如帮忙剥东西、添水、照顾其他小朋友。

● 看电影

➢常见表现

试想,你在影院看电影时,旁边的小朋友时不时地说话、尖叫、左右晃动,你会有什么感觉?厌烦?愤怒?你会做什么事情?大声制止?责骂？要求家长带他出去？

但是，请你再次试想，如果你身处一个叫作"影院"的地方，你不知道周围都有什么样的人？周围为什么突然变黑了？屏幕里为什么时不时会发出怪声音？什么时候还会有怪声音？这时候，你会有什么感觉？害怕？恐惧？伤心？紧张？你会怎么做？不安地扭动？跑出去？尖叫？自言自语？

上述的假想基本反映了特需儿童在看电影时存在的困难，以及周围人对儿童的感觉。特需儿童在看电影时接收到更多的是周围环境的干扰，这些干扰让儿童感觉不适，并作出问题行为。

➤产生原因

（1）感觉调节障碍，对于电影中突然改变的画面亮度、音效不能很快的调节从而导致儿童出现各种不适应的行为问题。

（2）感觉敏感，对周围发出的吃东西的声音、味道，座椅的材质，电影院的灯光等难以接受。

（3）感觉刺激需求量大，孩子需要通过不停地变换身体姿态来满足自己的刺激需求，影响他人的观影体验。

（4）不合时宜大声说话。孩子没有理解看电影的规则，急于表达自己的想法，说出故事剧情或者评价电影里的内容，引发他人反感。

➤解决策略

（1）和儿童先尝试在家中模仿看电影的过程，关灯看视频、音量变化、边看电影边吃零食。

（2）和儿童模拟场景，玩情景游戏。儿童可以通过类似的假想游戏，了解观影的相关情况、理解观影规则。

（3）观影时帮儿童携带能满足触觉刺激需求的物品，如触觉球、感统垫、海棉刷等。

● 旅行

➤常见表现

假期来临时,不少老师都建议父母多带孩子出去游玩,给儿童丰富的视-听觉刺激,促进儿童能力发展。而我们也更多地选择长途旅行甚至是出国旅行。但在旅途中又常常遇到各种各样的情绪、行为问题。

若按照问题产生的场所分类,儿童的常见表现可分为如下几类:

第一,在汽车、飞机等活动范围较小的交通工具中,儿童可能因为了满足自身的感知觉刺激需求而改变身体姿态,影响他人的乘坐体验。

第二,在安检、加油时,儿童因为不理解状况而感到不安、焦虑,从而引发情绪问题。

第三,在陌生的酒店、餐厅、商场中,儿童的焦虑感、无序感增加。

➤产生原因

(1) 感觉敏感。坐车、坐飞机等交通工具需要孩子长时间安坐、系安全带,这类活动会给孩子带来束缚感,有些触觉敏感的孩子会觉得不舒服,不愿意坐。交通工具在移动时,尤其是汽车,急刹车、转弯、加速等会对孩子的前庭造成较大的刺激。外界的环境随时在变化,不同的景色、声音、光线的变化对孩子的刺激很大。

(2) 感觉刺激需求量大。孩子需要通过不停地变换身体姿态、奔跑、蹦跳等行为来满足自己的刺激需求。但由于在乘坐交通工具时无法满足孩子的这些需求,从而导致孩子情绪问题爆发。

(3) 不理解规则要求。孩子外出可能会遇到安检、加油、等红灯等不同的事情,对相应的规则不太理解。孩子就容易没有安全感、产生不良情绪。

(4) 乘坐交通工具时间过长,孩子因无聊而出现骚扰他人、大喊大叫、随意走动等行为。

(5) 陌生环境(酒店、餐厅)让孩子焦虑感、无序感增加。

➤解决策略

（1）提前预告可能会发生的事情，我们需要怎么做，如通过图片或视频的形式引导孩子了解旅行的目的地，交通方式，旅途中可能遇到的加油站、检查站、中转站等。

（2）允许儿童一段时间起来活动一会，如火车、飞机可以让儿童起来上厕所或陪家庭成员上厕所，汽车在服务区停靠时进行午餐或上厕所等。

（3）帮儿童携带能满足触觉刺激需求的物品，如触觉球、感统垫、海绵刷等。在可能有感觉需求时，帮孩子按摩以安抚或满足感觉需求。

（4）随身携带一些儿童喜欢的物品，陪孩子一起游戏，转移儿童注意力。

六、如何提供游戏活动支持？

1. 观察

不要试图一开始就想要去教孩子怎么玩。一些特需孩子特别反感别人对他"指手画脚"。所以建议影子老师先观察孩子是怎么玩的，然后针对他的兴趣去做拓展。如果影子老师想要教他新的玩法，可以先在他旁边玩，或者和其他小朋友玩，想办法吸引他的注意力，激发他主动学习的动机。

2. 跟随儿童的领导

游戏没有对错之分，所以不建议对孩子说"×××，你这样玩不对"。每个儿童都有自己游戏的方式，不要老是想着去控制，因为你一旦控制过多过强，儿童就会丧失对活动的兴趣。影子老师可以把自己定位成一个助手，你的任务是辅助、拓展、丰富，然后帮助儿童把注意力保持在这个活动上面。

3. 提供选择,培养自我决定的能力

自主对儿童来说很重要,给儿童多一些机会做决定。我们的特需儿童在生活中其实很少有机会能够获得控制感,因为成人在为他们的生活做绝大多数的决定。当教师给儿童选择权时,其实是能更好地促进其社会交往良性地进行。但有一点要注意,选择的范围应有所控制,当孩子面临 10 个选择和 2 个选择时是非常不一样的。一般情况下,建议提供 2 - 4 个选择。案例:孩子在户外游戏项目中,本来只敢尝试玩小房子和爬架子这两个难度较小的项目,可他的大运动水平其实挺不错的,他完全可以去尝试更高难度的项目。因此在户外游戏时影子老师给他提供选择:"你想玩爬轨道还是吊绳?"(这两者都是难度比较高的项目,吊绳比爬轨道更难一些)他选了爬轨道,最终他独立完成了,而且从此之后他不仅会主动去玩爬轨道,还会主动去玩吊绳。

4. 鼓励,让孩子有积极体验

让孩子感觉到自己是被尊重、被认可的,这点特别重要! 因为如果孩子在从小到大的整个成长过程中有大量的挫败的体验,没有积极的成功体验的话,他就容易会低自尊,抗挫折能力也会比较低。而且很多事情他会选择不尝试,因为不做就不会失败呀。所以,鼓励很重要,其实就是影子老师多让孩子知道,他是有能力的,他是被尊重的,给予他积极的体验。但要对很具体的一些行为做鼓励,不一定要有具体的成果,也可以是过程。

案例:Anna 有影子老师期间,Anna 的整个情绪状态都比以前好,尤其是游戏中,她会非常享受,真正的乐在其中。其中一个很重要的原因是她在游戏中获得了控制感,另一个很重要的原因是在这个过程中她有

很多积极的体验。有一次户外游戏,Anna 在树底下捡了一片枯叶,她很喜欢,把它举高给影子老师看,影子老师说:"哇！Anna,你找到了一片好美的叶子!"她就笑得特别开心,那一个上午她的情绪状态都非常好。

5. 基于儿童的能力

游戏的选择、拓展要基于孩子的能力,如果孩子没办法一下子实现目标,可以尝试将游戏进行分解,分解到有一些是他可以玩的,然后从那个地方一点点来。

6. 影子老师不敷衍,投入地玩

可能孩子的一些行为、游戏在成人看来是极其幼稚的,但当成人真的以儿童为中心,与孩子一起投入地参与到游戏中去时,会发现游戏是好玩的、有趣的、开心的。而且当你真的投入地玩,孩子也会从中得到更多的积极反馈。

七、融合教育中影子老师何时退场?

影子老师提供辅助的目的是为了撤除辅助(孩子实现独立)。因此,在游语,有一句在影子老师中广为流传的话:"影子老师的存在是为了失业。"当然,此"失业"非彼"失业",而是为了孩子能最终达成真正的融合。那么,影子老师应该何时退场?

影子老师会根据孩子的实际情况选择不同的辅助等级,从最多辅助到最少辅助一般包括:完全肢体辅助、部分肢体辅助、示范、视觉提示、口语提示、间接口语提示、手势提示、自然线索提示(见图 3-8)。如果影子老师在干预过程中发现,孩子很多方面所需的辅助等级较低,甚至通过自然线索提示即可完成,那么影子老师可以考虑泛化(也就是说,支持者的角色逐步从影子老师自然过渡到班级老师、同伴、阿姨及其他人员身上）。如果当对象变成其他非专业人员时，经过评估，孩子的各方面辅助等级依然都是较低的，影子老师可以跟督导进行报告，并与孩子家长和班级老师进一步沟通，多方意见达成一致后，即可进行结案评估，然后影子老师退出。具体如何退出，计划的制定与实施，退出的标准等，在"游语云课堂"的生态评估与计划课程中都有系统而全面的论述。

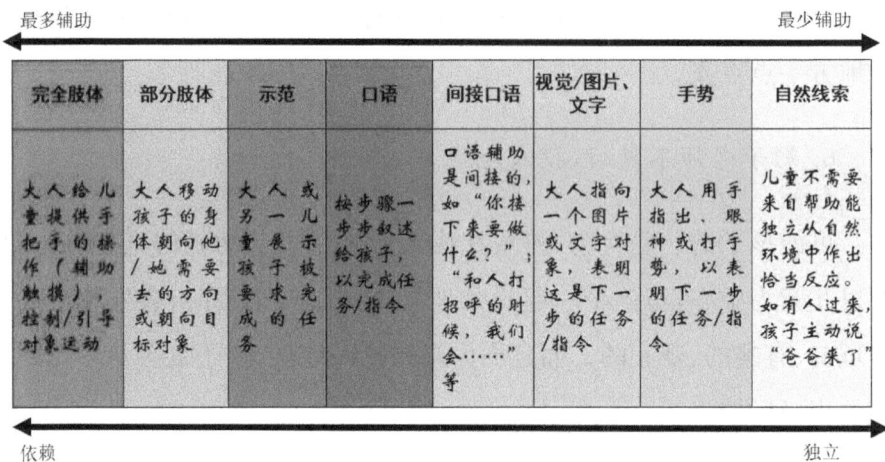

最多辅助   最少辅助

完全肢体	部分肢体	示范	口语	间接口语	视觉/图片、文字	手势	自然线索
大人给儿童提供手把手的操作（辅助触摸），控制/引导对象运动	大人移动孩子身体朝他/她需要去的方向或朝向目标对象	大人示范给孩子求的任务，或儿童示范要完成的任务	按步骤一一叙述以完成任务/指令	口语辅助是间接的，如"你接下来要做什么？"；"和人打招呼的时候，我们会……"等	大人指向一个文字或对象，表明下一步的任务/指令	大人用手指出、打手势，以表明下一步的指令	手眼神指出或打以表明下一步指令	儿童不需要帮助就能独立从自然环境中作出恰当反应。如有人过来，孩子主动说"爸爸来了"

依赖   独立

图 3-8　辅助的等级

八、影子老师体系下如何制定和实施 IEP（个别化教育计划）？

个别化教育计划（IEP）的法规源于 1975 年的美国 94-142 公法，它是一份由学校和家长共同制定的针对学生个别需要的书面教育协定，它应记载以下内容：

● 学生能力现况、家庭状况和需求评估；

● 学生所需特殊教育、相关服务及支持策略；

● 学年与学期教育目标、达成教育目标的评估方式、日期、标准；

● 具体情绪与行为问题学生所需的行为干预方案及行政支持；

● 学生的转衔支持及服务内容(包括升学辅导、生活、就业、心理辅导、社会福利服务以及其他相关专业服务等项目)。

个别化教育计划的制定主要分为两大阶段:评估阶段与计划阶段。评估阶段主要包括:拟定评估计划、准备评估工具、进行评估、整理评估结果、召开综合分析会议(分析能力的长处与不足,分析学习特点的优势和劣势)。计划阶段整理分析的结果及建议、拟定"个别化教育计划"会议、召开"个别化教育计划"会议(提出下一步阶段的安置期望,确定目前的安置及相关服务,决定长期目标,提示短期目标,说明评定日期及评定标准)、撰写"个别化教育计划"。[①]

参与 IEP 制定的成员包括:学校行政人员(视需要而定);教师(包括特教老师、普校的任课老师、班主任);家长或监护人(必须要邀请);相关专业人员(视情况而定,如医生、教育评估专业人员、治疗师等等);学生(视情况而定);其他(如果家长或学校希望让了解该生的相关服务人员参加,这也是可以的)。

我国特殊学校和随班就读环境下都会为特需儿童制定个别化教育计划,个别化教育计划的结构也都有相对标准的格式。这里特别要强调的是自闭谱系障碍儿童的个别化教育计划的内容中要关注以下几点:

● 基于全面的评估,关注儿童的差异性;
● 基于儿童的优势和兴趣,促进功能性发展;
● 关注儿童的沟通和社会交往能力发展;
● 关注儿童的独立的生活技能和社会适应能力发展;
● 关注儿童的休闲技能和潜在的职业技能的发展。

在个别化教育计划的制定过程中也要注意:

① 刘春玲,江琴娣.特殊教育概论[M].上海:华东师范大学出版社,2015:66 - 68.

- 家长的参与,与家长进行积极有效地沟通,促进家校合作;
- 多学科的合作,医教结合,自闭谱系障碍的教育干预需要医学、特殊教育学、心理学、康复治疗等多方面的协作;
- 目标要切实,可以量化,及时根据评估进行调整;
- 学校行政系统的管理支持,并促进不同任课教师的共同协作等;
- 关注集体教学与个别化教育计划的实行的结合。

游语在 IEP 和 IFSP(个别化家庭服务计划)的基础上,为特需儿童定制符合生态圈原则和儿童最近发展区原则的 ISP(个别化融合支持计划)。ISP 是融合介入的依据、团队合作的参考,家长依据 ISP 能够和班级老师做影子老师介入的沟通、定期召开家校合作会议;机构老师依据 ISP,实现影子老师、个训老师、小组课老师的目标的统一与动态调整;班级老师依据 ISP,能够了解家庭和机构所作的努力、儿童的真实能力、康复进展。ISP 为班级老师的教学调整提供了切实可行的依据,在高效帮助特需儿童融入班级上,有助于班级老师最大可能地配合专业团队。详细见表 3 - 9:

表 3 - 9　×××的个别化支持计划

第 1 部分　生态评估报告

STEP 1 填写基本信息				
学生姓名:	学生性别:	出生年月:　　年　月　日		班级:
学校地址:		评估和诊断结论:		
家庭诉求:　　　　　　　　　　　　　　　　学校诉求:				

（续表）

STEP 2 评估学生所在的生态环境

①家庭环境

一、家庭风格：

家庭环境是影响学校顺利融合的首要内容。据评估,该家庭成员中_____的风格整体上是□开放型 □非开放型

评估依据为：

二、家庭教养情况

家庭环境是影响个案成功融合的重要因素。

据评估,该家庭的教养态度整体偏向于□权威型 □专制型型 □纵容型 □疏忽型 □民主型

评估依据为：

三、家庭分工

良好的融合团队,需要家庭成员在个案上学支持事情的分工合理,能够确保以高效能的团队姿态支持个案。

该个案的家庭分工评估结果为：□合理 □较为合理,需要少量调整 □不合理,需要较大量调整

具体表现在：

◇个案家庭的核心团成员及分工情况：

◇个案家庭的亲友团成员及分工情况：

四、家庭氛围
良好的融合团队,需要家庭氛围健康、积极,确保能够以高效能的团队姿态支持个案。该个案的家庭氛围评估结果为:□优秀 □良好 □一般 具体表现在:
五、家庭对个案上学的期待
家庭最担心的问题: □环境适应困难,如: □情绪与行为控制困难,如: □常规与自理困难,如: □社交霸凌与社交技能障碍,如: □学业品质障碍与学习困难,如:
②机构环境 所在机构名称:
机构在融合中,能够提供的支持,主要为以下: □基于影子老师干预反馈,提供游戏为基础的个训课程(□语言课、□感统课、□心智课、□职能治疗等) □能够基于影子老师干预反馈,提供 10 人以内的**中融合课程**,如:小组课、幼小衔接课、心智绘本课 □机构能够基于影子老师干预反馈,提供由特教专业老师带领的、和普通儿童一起的**反向融合活动**,如:游戏类、烘焙类、郊游类放松式活动 □机构基于影子老师干预反馈,提供 2 人的**小融合课程**,如:VIP 双人社交课

（续表）

□个案所在的机构能够提供去学校的**大融合支持**，如：影子老师、巡回指导、正向

行为支持培训等

该机构有其他融合支持优势，请举例：

③学校环境　　所在学校：

障碍只是相对环境而言。当学校环境没有障碍，融合之路就不会过于艰难。

学校的物理环境评估结果：

教室环境评估结果：

学校的心理环境评估结果：

列举学校老师"近异得"①的表现：

学校有的优势和资源

□有修过特殊教育方面（异常个案心理学、自闭症教学、多动症教学、听障教学

等）的学科老师，如：

---

① "异得心"指的是天生具备和特需儿童相处的技巧。天生不具备完美技巧，但是后
天愿意学习的教师是"近异得"教师。来自书籍《这世界唯一的你》作者：［美］巴瑞·普瑞桑
（Barry M. Prizant）／汤姆·菲尔兹-迈耶（Tom Fields-Meyer）

(续表)

□班级老师教学经验丰富,具备较多应对特需学生的技巧,如
□学校心理老师经验丰富,以人为本,愿意较多参与个案的支持工作,如:
□有需要的时候,学校能够配合并给予较多的支持性服务,如:
其他补充:
④融合小天使(首先需要经过◇班级老师 ◇个案本人及◇小天使的同意:)
班级"融合小天使"的环境: 班级老师是否有"融合小天使意识"? □是 □否   班级老师是否给个案安排了"融合小天使"? □是 □否   班级老师是否系统地安排并指导"融合小天使"? □是 □否
班级同学对待个案的态度:□从未有歧视性话语 □从未出现肢体的有意攻击行为 □偶尔出现歧视性话语/肢体冲撞行为 □经常出现歧视性话语/肢体冲撞行为 □经常性的主动帮助   个案喜欢的小天使类型评估: □个案喜欢的小天使: □靠近个案座位的小天使: □排队的前后左右小天使: □班级优秀学生: 附:评估当天,观察到的小天使的情况

（续表）

STEP3 学生的情况		
个案喜恶	喜欢的 &	
	不喜欢的	
个案历史	康复史	
	教育史	
在校学习能力	(本内容仅为一日入校观察记录,不代表所有)具体观察、分析及设定的目标,需附页说明。记录的内容包括但不局限于:前语言、言语、语言理解与表达、非言语社交、心智社交、学业品质、学业能力在融合环境中的表现	

（续表）

在校行为情绪	情绪稳定的情况	
	易失控情况	
常规自理	已有的技能	
	目前主要挑战	

STEP4　个体总体分析
①优势总结：
②挑战总结： 影响顺利融合的生理挑战：□核心肌群需求　□手部触觉需求　□口腔触觉需求 □身体触觉需求　□前庭觉需求　□本体觉需求　□视觉需求　□听觉需求　□嗅觉 □味觉 影响顺利融合的心理挑战：□习得性无助　□低自尊　□学习品质低下 经评估，个案在社交自尊方面的表现，处于□轻度　□中度　□重度低自尊

（续表）

③以"团队帮助学生"为中心的建议

阶段性安排建议

阶段性建议分为康复和融合两个方面。

康复：□视听动训练 □社交前语言康复 □社交非言语康复 □社交言语康复 □社交语言康复 □自我与他人关系康复 □社交游戏康复 □社交小组康复

阶段目标：

融合建议：◇家庭 ◇机构 ◇学校及班级教师 ◇影子老师

参考"游语影子老师派遣条件"的标准，从影子老师入校条件来看，个案满足的派遣条件为：

游语影子教师派遣条件

类别	第一类	第二类	第三类
行为等级	紧急行为	严重行为	过度行为
行为定义	立即需要处理的	破坏课堂秩序、干扰教师授课、影响同学学习等	一般学生也会有但严重程度不至于需要立刻处理
内容标准	□自伤 □打人 □推人 □咬人 □其他，如：	□离座、乱动电视或投影、玩弄桌椅等，破坏课堂秩序 □尖叫、大笑、严重的自言自语等突然的情绪爆发 □玩同学铅笔盒、戳同学、拿同学物品等，影响同学学习等 □其他，如：	□视、听注意力分散等学习能力 □沉浸在自己的世界中，不与他人互动等社交 □某些刻板行为、趴在座位上等影响课堂参与的行为 □不和他人打招呼、不会排队、不整齐、不会报数、交作业等常规等 □其他，如：

依据四象限原则，家庭需要了解个案目前紧急且重要的目标为：

不紧急但重要的目标为：

（续表）

给个案所在机构的建议：

条件允许的情况下,建议和个案所在的机构协商,提供去学校的大融合支持,可以有以下方式：

◇直接派遣初阶影子老师,频率建议：□五个全天 □不低于2个全天 □五个半天 □不低于2个半天 □低于两个半天

◇派遣游语进阶认证影子老师,进行巡回指导,频率建议：□每周一次 □每月一次 □每学期＿＿＿次

◇派遣游语高阶认证融合培训师对学校进行正向行为支持培训,频率建议：□一学期一次 □一学年一次 □其他：

给学校的建议：

以下是为了学生的全人发展,更好地实现"＿＿＿＿＿＿＿＿＿＿＿＿＿＿＿

＿＿＿＿＿＿＿＿"的办学宗旨

建议学校能够提供以下的支持性服务：

◇能提供基于学校的放学后一对一干预的教室空间,供影子老师/康复师训练

◇提升校内资源教师或心理老师能具备社交小组课、个别化训练的能力

◇校内领导能以"近异得"标准,提升全校教学品质

给班级的建议

给影子老师的建议：

√灵活使用影子老师80课,增进对个案的理解,尤其是：

（续表）

✓灵活使用自我管理 100 课,提升个案的自我管理能力,增强独立上学的技能。 尤其是: 建议第一阶段介入的自我管理图卡为:
④个体的个别化需求分析:
⑤督导整体的建议:
⑥跨团队合作建议: ◇定期开展团队会议,建议 3 个月 1—2 次。 ◇团队成员就共同一致的态度和策略,建议有定期的沟通 ◇团队成员基于评估报告和长短期的目标,建议做到目标的一致

生态评估部分结束。

　　ISP 其他内容,需要依据教师对个案的上课及理解的深入,做更深的计划。

内容包括:第一次和学校的会议、第一阶段介入目标、第一周介入总结与反馈、第一周督导建议等。这些都需要进阶、高阶影子老师督导带领下,以团队合作的方式一起完成。

九、融合环境常见问题的解决策略（示例）

小学版示例

班级老师的活动	学生可能的表现	列出影子老师采取的策略	评价及总结（开始——后面经过怎样的策略可能达到的效果——还需要怎么样的支持等）
交作业	直接走到老师前面交作业，不排队。	交作业前影子老师语言提示要排队。	刚开始需要老师全身体辅助帮助学生排队（在3-4个人的时候去排队）；一段时间后同伴全在语言提示下排3-4人的队，之后逐步撤出语言提示，最后逐步撤出语言提示，转变为视觉提示卡，让学生能够自觉排队。家庭辅助：在家庭中遇到需要排队的生活场景可以通过引导，多次尝试让学生更加理解排队的含义，比如在超市排队付钱的时候，在排队上厕所的时候，在餐厅排队就餐时；另外在平时玩游戏的时候，也可以教给学生轮流与等待的技巧。
临时调换课	坚持按课表上课。	从同理老师的角度出发，引导学生理解为什么会出现调换课的情况；强调换什么课，老师来上什么课。	刚开始需要影子老师先安抚学生的情绪，告诉学生老师知道他现在很焦虑，帮助学生分析原任课老师今天可能有各种突发情况（生病等）所以需要调换课，然后用现任课老师上课的一个兴趣点把学生的注意力转移到老师身上；一段时间后学生可以在课前询问同伴或者老师，什么老师来上什么课。家庭辅助：对于学生来讲，最后学生能够自我提示，什么老师上什么课。如果出现的一些临时的事件或者突发状况，常规的改变很容易引起他们的焦虑和不安，所以家庭中一定要预先向学生讲清楚其调整的原因及应对措施，可以在事情发生的前几周就开始《打预防针》，越到临近提醒其发生的次数越多，充分让学生理解未来所要发生的事情是他以及预想到的并且能够接受的。

（续表）

班级老师的活动	学生可能的表现	列出影子老师采取的策略	评价及总结（开始一段时间后——后面经过怎样的策略可能达到的效果——还需要怎样的支持等）
订正作业	擦掉错误，在原错处修改。	可以辅助学生向任课老师了解订正方式；影子老师可以通过手势提示或者用语言提示按照任课老师的要求来订正，同时也可以使用视觉提示卡。	刚开始学生可能会用错误的方式订正，为了树立老师的权威意识，影子老师可以提示学生向任课老师提问正确的订正方式；一段时间后学生能够在影子老师的语言或者手势提示下初次就能够做到订正，然后逐步撤出影子老师的辅助，转变为视觉提示卡片；最后学生能够独立参照视觉提示卡自觉订正作业。
老师给学生盖章奖励	用笔把章给涂掉。	引导学生沟通、了解其涂掉的原因；关注并观察同伴对奖章的态度以正确对待老师的奖励。	刚开始的时候需要影子老师引导学生向盖章的老师了解为什么要给学生盖章，夸奖其表现好的具体的点，让学生明白盖章是学生应得的，而不是受之有愧。盖章的时候影子老师也要告诉学生今天的作业为什么没有奖励原因（具体原因）；一段时间同后可以引导学生关注同伴们的奖章获得情况，通过作业比对了解详细原因的应对方法，也可以促进同伴交流；最后学生能够从认知层面理解盖章的原因与正确辅助。家庭辅助：在家庭中也可以使用这样的奖励式强化，类似于代币制系统，比如拟定一份帮家长做家务的清单，学生做了几项项就可以得几个小五角星，一定程度的五角星累积之后可以兑换不同层级的奖品等，重要的是让学生能够理解什么样的情景下会得到奖励，什么没有奖励，这样能够帮助学生理解学校里的奖励系统。

（续表）

班级老师的活动	学生可能的表现	列出影子老师采取的策略	评价及总结（开始一段时间后一后面经过怎样的策略可能达到的效果一还需要怎样的支持等）
分发材料完成一件作品	拒绝材料（直接扔在地上）。	引导学生学可以直接用语言表示自己的拒绝，并且了解学生拒绝做的原因；同时扔掉的材料需要捡起来还给老师并道歉；在任课老师允许的情况下可以让学生把材料带回家完成作品。	刚开始需要影子老师先辅助学生把扔掉的材料捡起来还给老师并道歉，用语言表达自己的拒绝；之后可以跟学生沟通拒绝做的原因；一段时间后如果发现同样的课堂内容学生在家里可以完成，在学校里把抗拒的原因可能是害怕失败，那需要影子老师进一步提供支持与鼓励，可以在家里完成一半的作品，把另一半带到学校在影子老师的辅助下完成；同时也要注意引导学生观察其他同伴的作品完成情况，自己已完成后也可以请同伴们来观赏自己的作品，注意给予学生积极的体验感。 家庭辅助：如果学生是因为害怕失败而拒绝尝试新游戏，在家庭教育中家长应该多鼓励学生积极参与。对于小小的进步也要给予夸奖。注重给学生的作品展示，时常带学生回忆，提供验感，可以给学生制作纪念册，专门记录学生的体验感，提升学生的自信心。
老师正在上课	不经过老师同意就去上厕所。	帮助学生树立课堂规则意识；固定时间提示学生上厕所。	刚开始需要帮助学生树立课堂规则意识，比如要上厕所需要先向老师举手打报告。老师同意之后再出去；同时也要引导学生理解固定时间做固定的事情，上课时间是用来玩耍和上厕所的，有事情需要举手向老师打报告；最后需要提升学生的自我控制能力。 家庭辅助：在家庭中需要父母帮助学生建立良好的时间观念，培养时间意识。

（续表）

班级老师的活动	学生可能的表现	列出影子老师采取的策略	评价及总结（开始——一段时间后——后面经过怎样的策略可能达到的效果—还需要怎样的支持等）
升国旗敬礼奏国歌	高唱国歌。	引导学生理解升国旗的规则；帮助学生建立起对声音大小的自我控制能力，提示学生想唱的时候可以轻唱或者默唱。	刚开始的时候可以利用五级声音卡片引导学生理解声音的分级与相应的应对场景。同时可以在游戏中让学生练习声音大小的控制；一段时间后可以提示学生轻声唱，如果学生做到一小段时间就立马给予肯定强化，之后再逐步过渡到整首歌轻声唱。最后也可以引导学生关注其他同伴自己的声音大小。 家庭辅助：在家庭中父母可以跟学生玩一些跟声音控制有关的游戏，比如可以在睡觉前跟学生说一说《悄悄话》。
课间活动	和其他学生有不恰当的肢体接触。	引导学生理解社交圈的含义，并找到和同伴相处的正确模式。同时调整学生的触觉敏感度，满足感觉感觉需求。	刚开始需要让学生能够同理他人的情绪，什么的接触会让其他同伴感受不舒服。 如果轻一点他们会更愿意跟你玩这个游戏；同时帮助学生调整触觉敏感度，让学生更好地控制自己的力量；一段时间后可同后教给学生社交圈的含义，对不同亲密的人要保持不一样的距离；最后再通过社交上的多次尝试让学生深刻理解其真实表现含义。 家庭辅助：在家庭中父母需要注意自己的言行，不恰当的肢体接触行为可能也会给学生造成不良的示范。

（续表）

班级老师们的活动	学生可能的表现	列出影子老师采取的策略	评价及总结（开始——一段时间后——后面经过怎样的策略可能达到的效果——还需要怎样的支持等）
在奖章墙上贴学生们的名字	撕掉跟自己小名重名的同伴的名字。	从认知层面引导学生理解小名的不唯一性；帮助学生建立正常的社交语句来表示自己的疑惑。	刚开始的时候可以引导学生帮忙分发作业，识记班级同学的名字，对于跟学生小名一样的同伴可以重点认识；同时需要影子老师向学生解释在奖章墙上贴自己名字的含义；一段时间后可以鼓励该生好好表现，争取早日把自己的名字也贴上。
让学生们跳绳	抢其他同伴的绳子。	树立课堂规则意识；引导学生邀请其他同伴跟他一起玩。	刚开始的时候需要引导学生正确获得体育用品（跳绳），用语言向老师表达自己的需求；可以利用社交小故事恰当的互动技巧，同时可以辅助学生邀请其他同伴一起玩，但要让该生向同伴用语言表达游戏的规则，如果对方同意才能够继续玩。

幼儿园版示例①

幼儿园的日程	学生可能的表现	列出影子老师采取的策略	评价及总结（开始——一段时间后——后面经过怎样的策略可能达到的效果还需要怎样的支持等）
	无意识的离开指定区域或在教室内乱跑。	用地胶贴出一个固定区域，要求学生在做早操的时候不能离开该区域。	刚开始需老师全肢体辅助，让学生在该区域内活动，同时提醒并辅助学生低头看脚下；一段时间后撤商辅助时，如下达指令"×××站在线上"或"××……"，学生走回该区域，同时输入距离的概念，让孩子理解在早操课上应该和每个人保持多远的距离。另外，这一问题还需要家庭及多学科支持。如家庭运动游戏中可以加入圆圈内原地踏步；美术课上增加在规定区域内涂色；语言课增加认知理解：什么是圈/线。
早操	关注某一个特定的物品。	和学生树立"先……再……"的规则意识。学生遵守规则后奖励后奖励他感兴趣生探索其他物品。	刚开始学生不理解规则的含义，同时不知道遵守规则是可以得到奖励的。因此，老师可以先全肢体辅助学生完成动作，然后迅速给予奖励，慢慢为该子树立这一规则；一段时间后，孩子初步理解了"先……再……"的规则，老师帮助学生进行泛化，凡是能利用这一规则的活动，都可以要求包参加。最后，学生平静的接受这一规则，迅速完成任务后得到奖励。

（续表）

幼儿园的日程	学生可能的表现	列出影子老师采取的策略	评价及总结（开始一段时间后—后面经过怎样的策略可能达到的效果—还需要怎样的支持等）
	发呆，看窗外。	根据学生的认知能力水平、翻译，讲述故事内容。	刚开始根据学生的能力水平，选择绘本中学生能理解的点进行翻译；一段时间后可以增加翻译难度，加一定的故事情节；最后按照班级老师的教学目标给学生翻译。另外，家长也可在家里选择和学校相同的绘本进行预习，增加学生对绘本的熟悉程度。
故事课	大声尖叫，哭闹。	建立表现好能够得到老师的关注、尖叫和哭闹不会得到关注的规则。	刚开始给学生讲述规则（如：上课保持安静，下课××老师可以抱一下[或其他的精神奖励]并严格执行）并在学生执行规则后给予关注和肯定。一段时间后，学生意识到自己正确的行为能够引起关注后，可加强口头提示。最后，孩子在口头提示下能保持一段时间安静后，可改用课前提示卡进行提示。另外，还可用视觉提示卡进行提示。上课前对学生提出要求，必要时口头提醒。上课前对学生提出要求，必要时用视觉提示或者身体不舒服或者想表达但表达不出来，哭闹前给孩子尖叫，哭闹间的原因是否身体，并根据具体原因进行处理。

（续表）

幼儿园的日程	学生可能的表现	列出影子老师采取的策略	评价及总结（开始一段时间后—后面经过怎样的策略可能达到的效果还需要怎样的支持等）
故事课	躺下或趴着	帮助学生按摩背部，刺激百会穴、足三里、手指尖等部位，提高学生注意力唤醒水平。	刚开始就和学生制定规则："坐好老师可以给你按摩。"老师这时候需要坐在学生身旁提供肢体辅助语言提示。若学生做到了，可以给予表扬。同时按摩10-15秒。按摩结束后，立刻提出新的要求"安静坐10秒，按摩一次"以此类推。一段时间后，学生已经清楚地知道自己坐好可以得到奖励，因此会更加控制自己的行为。这个阶段，学生规范行为。最后慢慢撤出安坐时间，同时要求孩子在有躺下需求的时候，先口头提示老师可以离离，并采取口头示意的方式，帮助学生延长安坐的时间。家庭辅助：因为孩子喜欢卧着或躺着更多的是生理原因，如核心肌群力量较弱，或者注意力唤醒水平较低，或者没得到很好的休息和饮食，或者感知觉失调，喜欢躺着或趴着的感觉。此时家长可根据不同的原因来帮助孩子调整生理问题。
	大声说话	帮助学生理解不同的声音等级和使用规范；强化课堂规则的理解。	起初可以和孩子玩大、小声的游戏，让孩子理解什么是大声，什么是小声。接下来和孩子输入五级声音的概念，什么情况下应该用什么音量讲话，以及声音大小与情绪的关系。一段时间后，学生理解了这个问题，在控制不住自己要大声说话的时候，老师可以口头或动作提示小声一些，声音太大了。学生声音转小了以后，立即给予肯定和奖。最后，逐渐延长提示的时间间隔，甚至是用眼神提示。同时，这类孩子都属于有情绪波动（兴奋、焦虑、生气）建议家长老师关注该孩子所处环境，是否会影响到孩子情绪控制能力。如果会影响则可略微调整课程内容，或带学生离开上课场所，等待环境恢复一些后，再进入教室。

（续表）

幼儿园的日程	学生可能的表现	列出影子老师采取的策略	评价及总结（开始一段时间后一后面经过怎样的策略可能达到的效果一还需要怎样的支持等）
	随意离开座位	允许学生上一段时间的课就出去走走。同时引导学生会表达"我想出去走走"等相关的社交语句。	刚开始先树立规则，如上课离开座位要报告老师，并引导孩子语言训练表达需求"××老师，我想……"。同时，在课前或日常生活中多满足学生的感觉刺激需要。一段时间，学生慢慢建立这一规则后，可教授学生无聊时或者想要起来走走的时候可以代替做的事情，如用手捏球觉球或者看看窗外或者在心里数数。最后，强化规则同时提高学生自我控制能力，培养学生时间意识。根据学校课程时间来安排家庭活动时间。
故事课	和同伴有不恰当的接触。	引导学生理解社交圈的含义，并找到和同伴相处的正确模式。同时调整学生的触觉敏感度，满足感觉需求。	刚开始可教授学生同理他人情绪，不恰当的接触会让他人觉得不舒服，可能会很伤心或者很生气。你轻一点抱别人，他们会更舒服，会更愿意和你玩。同时帮助孩子调整触觉敏感度，让孩子更好的体验按压力。一段时间后，可继续给学生教授社交圈的含义。和不同关系的人保持不同的距离。最终经过一次次的泛化，让孩子掌握此技能。另外部分孩子出现此行为与家长的示范有关，有的家长喜欢用捏一捏、拍一下等不恰当行为来表达喜欢，孩子也会进行模仿，所以家长同时要注意修正自己的行为，给孩子做一个良好的示范。

（续表）

幼儿园的日程	学生可能的表现	列出影子老师采取的策略	评价及总结（开始—段时间后—后面经过怎样的策略可能达到的效果—还需要怎样的支持等）
加餐	玩水果。	引导学生理解水果是用来吃的，不能玩这一规则。同时家庭配合满足学生探索欲。	刚开始先分析学生为什么会玩水果（探索欲，无聊，触觉需求）？然后无论哪一种原因都应该给孩子严肃制止并输入规则：水果是用来吃的，不可以玩。每次发现学生在玩水果，则可给学生提供些分散注意力的物品或让学生帮老师的忙。若学生是因为无聊而玩水果，则可给学生提供些分散注意力的物品或让学生帮老师的忙。一段时间后，学生理解了规则，就可以将辅助降低或口头提示或远距离手势提示。同时可以使用代币制的方式促进学生的自我控制能力发展。最后当学生熟练掌握这一概念后，只需要在水果时间前给予预告就可以了。 另外，在家庭中，家长可根据老师的建议进行不同的辅助训练：探索饮，可以和孩子交流教孩子认识水果（外形，触感，口感……），或者教孩子用水果榨汁／和面，给孩子玩和探索的机会，降低在学校发生问题行为的概率。无聊，有些孩子不吃水果，在水果时间就显得很无聊，家长可在家里强化引导孩子学习在无聊时可以做的事情，如看书，看其他玩水果，闭眼休息等。触觉需求，学生可能是喜欢在水果上有水或者黏黏的感觉，家长可在洗澡的时候满足孩子玩水的需求，或通过按摩来衡量满足学生在感知觉方面的触觉需求。
加餐	坐不住，在教室内乱跑。	引导学生理解安坐等待的规则，通过其他方法满足学生感觉需求，代币制奖励促进正确行为。	刚开始可告诉学生要安静地等待，等待时间可根据孩子无辅助状态下等待的时间为标准，以计时器为参考，以增强学生自信心。过段时间学生安坐能力更加稳定，可逐步安坐时间，初期可以1—2分钟为一档，慢慢延长增加的时间间隔时间长度。另外，家庭中可提供较多满足感觉需求的活动，如折返跑、蹦蹦跳、大龙球游戏等。满足学生在感知觉方面的需求。

（续表）

幼儿园的日程	学生可能的表现	列出影子老师采取的策略	评价及总结（开始一段时间后—后面经过怎样的策略可能达到的效果，还需要怎样的支持等）
加餐	不清楚步骤及完成时间。	制作视觉提示卡，帮助学生学习相应步骤。培养同伴关注，练习根据同伴行为调整自己行为的能力。	最初老师制作视觉提示卡，让孩子根据提示卡的步骤完成相应的任务。同时老师可以引导学生关注某一个学生的动作，并输入以他为参照物。一段时间后，让孩子自己完成视觉提示卡的粘贴，完成一个任务粘贴一次，增加自控能力；同时增加同伴视觉提示卡，让孩子改为参照同伴动作。最后逐渐撤离同伴视觉提示卡。家庭训练方面，可将孩子的餐盘替换成学校饭的餐盘。采用学校饭的餐盘，让孩子吃完。程对孩子行为给予强化。
	不能等待、抢食物。	这类行为出现的原因大致为不理解等待的规则，认为是不给我吃；或者是不愿意遵守规则，而学生一般家庭教育中也是有求必应。因此，老师也需强化规则的养成。	最开始教师可在上课时进行等待练习。等待时间从2~3分钟开始学生完成任务后，立马给予表扬奖励。经过一段时间训练，孩子能等待10~20分钟左右，此时也可用孩子一般喜欢的强化物（食物）练习等待。等待时间和孩子具体能力相联系。最后可将孩子的等待练习泛化到最喜欢的食物。在孩子无法完成或愿意不愿意完成时，教师可用孩子以往在的成功经验进行鼓励，必要时可加以动作辅助。在家庭生活中，家长可根据教师教授的等待方式，树立正确的等待规则。同时家庭改变以往的有求必应的教育规律，提高训练效率；辅助规则的矫正。
运动课	活动不听指令。	教师树立权威，引导学生学会冷静等待，辅助学生理解规则。	刚开始就要树立老师的权威意识，温柔而坚定的执行规则。同时和学生讲解规则：根据老师的指令在规定的区域做游戏。同时可以根据学生的理解能力进行规则解释。主动执行，说明理由。一段时间后，学生可以更好地理解指令规则，可在课前进行提醒并通知我们今天要做什么事情。如：今天我们这节课要做什么......最后，尝试课前直接通知一个问题一问一急课。另外，此类孩子都存在同一个问题——急课，因此教师在辅助过程中还需要强调冷静或者等待的练习，辅助学生更好的遵守规则。

（续表）

幼儿园的日程	学生可能的表现	列出影子老师采取的策略	评价及总结（开始一段时间后—后面经过怎样的策略可能达到的效果还需要怎样的支持等）
	和同伴抢玩具。	学习规则：谁先拿到某一个玩具，就可以先玩一段时间。学习轮流玩玩具、学会等待。学会告状，或向老师寻求帮助。学习在等待中转移注意力。	刚开始的时候，可以引导学生观察现在是谁在玩这个玩具，同时和双方商量几分钟以后换着玩。此时，学生可能会走不开并不愿意争抢。老师可以给学生输入等待的概念，同时进行动作辅助，以转移注意力。一段时间后，学生能够愿意等待。一段时间后，学生可以发现其他的玩具，以转移注意力。一段时间后，学生可以玩玩具的规则，促进行为更加符合规则。最后，口头提示"××等待……时间就可以来玩了"。同时可采取设计时器的方式让学生自主等待。
运动课	执意要玩某一个玩具。	发掘该玩具的更多游戏方式，并引导学生进行游戏。尝试一点一点改变学生的兴趣爱好。学习先……再……的概念、愿意接受玩的不太喜欢的，先玩自己不喜欢的，再玩自己喜欢的。	最初，现在在学生的引导下和学生一起玩某一玩具，同时慢慢改变其中很小的点或者在玩耍的过程中增加其他任务。如：玩10下车再吹一次泡泡。一段时间后，可逐渐增加其他任务的难度和时长，并根据学生的反馈，并根据反馈情况进行任务时间的调整。最后在学生表现稳定时，可增加新的规则：先玩……再玩……，让学生主动接受兴趣一般的游戏，同时教师引导学生玩新游戏。

（续表）

幼儿园的日程	学生可能的表现	列出影子老师采取的策略	评价及总结（开始一段时间后—后面经过怎样的策略可能达到的效果—还需要怎样的支持等）
运动课	畏难，不愿意运动。	降低游戏难度，并主动告诉学生已经降低了难度，相信他是可以做到的。通过以往成功的经历对其进行鼓励，以增强信心。对待学生失败可轻描淡写的略过，对待学生的进步可夸张准确的进行表扬，以增强成功体验。同时可向学生输入坚持的概念，即使失败了，也要坚持完成，这样很棒的行为。	最初，教师可以先进行简单的游戏示范，突出该游戏好玩、简单的特点，同时在游戏中加入学生感兴趣的内容，让学生有信心、有兴趣。同时认为自己有能力完成。若学生仍存在胆怯的现象，则可根据其日常表现进行夸奖。如：上次你自己……了，这次的更简单，你来试试吧！一段时间后，可逐渐提高任务难度及任务量，并对之前学生的失败结果适当的忽略，对之前的成功结果进行夸张准确的夸奖，积累成功体验。最后，在学生能比较容易的尝试新的任务或者更难的任务时，老师可以逐步输入坚持的概念，引导孩子理解失败也没关系，我们应该要坚持完成任务。另外，在家庭教育中家长应该多鼓励孩子努力完成任务，不过分地看重结果，重在孩子的参与过程中的进步。同时在孩子成功或进步时及时给予奖励，增强信心；在孩子失败时及时给予安慰，但不要过于重视，过于批评孩子，给孩子造成较强的心理负担。

（续表）

幼儿园的日程	学生可能的表现	列出影子老师采取的策略	评价及总结（开始——一段时间后——后面经过怎样的策略可能达到的效果——还需要怎样的支持等）
运动课	不会表达需求。不会争抢。	在学生有需求的时候，要求学生用言语或非言语的动作进行表达。故意延迟满足学生，给其在满足需求的过程中设置阻碍，以增加表达机会。故意和学生玩游戏要赖，同时输入类似"××要输了，你可以怎么说"的引导言语及答案，教孩子告状。	表达需求：起初，在学生的一日生活中，总结并引导学生在相应的情境下主动表达自己的需求，可从仿说开始。如：××老师，我想……××老师，帮我……当学生仿说或主动说出后，及时给予强化或奖励。一段时间后，孩子能在有需求的时候，可以主动表达需求时，可以故意制造阻力，观察学生的反应并及时给予强化与泛化。学习争抢：起初，教师可在争抢行为发生时提示并引导学生观察现在发生了什么，同时可以描述整个事件，如：A抢了B的……B很伤心，A这样做是错的。一段时间后，可以提示学生观察发生的事，并进行提问，考查学生是否关注到这个事件。最后，可在游戏中故意争抢学生的玩具或材料，观察学生的反应，必要时提示，有人抢你东西时你可以做……，在不断的游戏中进行强化与泛化。

（续表）

幼儿园的日程	学生可能的表现	列出影子老师采取的策略	评价及总结（开始……后面经过怎样的策略可能达到的效果，还需要怎样的支持等）
手工课	不会等待，发脾气。	这类行为出现的原因大致为对手工材料很感兴趣，想要尽快进行探索，而教师可以引导学生理解等待才可以玩游戏的规则。老师同时需引导学生冷静，不着急，同时教授冷静的方法，如深呼吸、闭眼数数……	最开始教师可在上课时可控制材料分发的数量和速度，尽可能减少学生等待的时间，同时输入×××等待的概念。老师先给×开始，立马给予表扬。经过一段时间训练，孩子能等待大致5—10分钟左右。与此同时，老师可向孩子输入时间的方法：深呼吸、冷静。冷静策略——冷静。最后可在课前提醒学生上课发材料时要等待，并在课堂中进行观察及时纠正不恰当的行为。在家庭生活中，家长可根据教授教授的等待练习进行强化训练，提高训练效率；同时改变以往任性的有求必应的教育方式，树立正确的等待规则。
	发呆或自言自语。	降低操作难度，按照学生的能力带领学生使用这些材料，提高学生对课程的兴趣度。输入规则上课时嘴巴要保持安静。	开始的时候，教师可以想一想学生喜欢玩什么东西。班级老师发的材料能否完成其作品内容。引导学生多角度、多途径的探索新玩具，降低学生对新玩具的抗拒程度。同时，根据学生的不同能力设定不同的操作难度。如：单纯完成某一动作、粘贴物品等。一段时间同后，学生愿意尝试让学生理解作业的操作规则，老师可尝试让学生完成相应的动作，同时动作辅助其完成自身的行为。上课时应该保持冷静，嘴巴要保持安静。

（续表）

幼儿园的日程	学生可能的表现	列出影子老师采取的策略	评价及总结（开始一段时间后一后面经过怎样的策略可能达到的效果一还需要怎样的支持等）
手工课	吃手工材料。	引导学生学习手工材料的用途是做手工，而不是用来吃的。通过其他方法满足学生口腔内的的感觉需求。	刚开始的时候，老师可以向学生做示范，学生模仿老师的动作。同时，老师向学生输入各种材料的作用，丰富学生的日常生活体验。另外，学生拿到手工材料后，教师可提醒学生拿稳材料，保护住，不能吃。据老师指令，不随意的吃手工材料时，可提高学生的按摩次数与频率。最后，学生能做到，发了材料就安静地等待。
	故意破坏自己或同伴的成果。	引导学生通过正确的行为来引起关注。输入破坏成果会让别人很伤心的，所以别人不可以破坏成果。	刚开始的时候，可以忽略学生的这种寻求关注的方式，并告诉学生怎样做老师会关注他。可以以肢体辅助的方式使其完成任务，任务完成后可立即给予表扬。接下来，教师可向学生提出其他的正向行为要求并努力做到。
	表现欲强，用负面的词评判他人。	引导学生对形容词进行分类，什么是好的（正面的），什么是负面的形容词。学习等奖他人，而不是贬低他人。	刚开始，以老师输入等奖人的具体话术，并由学生模仿。夸奖的内容从奖别人，到词内在，词语从少到多，从简单到复杂。一段时间后，妈妈做的晚餐哪里好看？妈妈做的晚餐哪里棒了？自己今天哪里棒了？最后将等奖对象泛化到班级同学，老师及其他有交流的人。

（续表）

幼儿园的日程	学生可能的表现	列出影子老师采取的策略	评价及总结（开始一段时间后一后面经过怎样的策略可能达到的效果一还需要怎样的支持等）
烹饪课	不理解或不按步骤操作。	口头提示第一步是……第二步是…… 必要时肢体辅助。 假想活动时模拟相关烹饪课流程。	刚开始，引导学生掌握与烹饪相关的动作，如：搅拌、翻、切、倒……并在烹饪课中完成相应的动作。如：现在需要搅拌，可叫学生过来搅拌一下。一段时间后学生逐渐掌握这些动词后，可请学生完成整个活动中的两个步骤，如：把水果倒进盘子里搅拌。最后，可请孩子完全参与制作，要求孩子理解每一步骤的意义，并能进行操作。
	太过于兴奋而尖叫。	学习5级声音，找出兴奋时的替代办法，或降低音量叫一叫、笑一笑。	刚开始，引导学生理解一般情况下，在室内需要3级声音说话。每当学生出现尖叫的时候，可以通过手势比划3来作为提示。一段时间后，可以在出现尖叫声时就让学生自己调整音量大小。最后，学生自己能控制不发出过大的声音。
	对环境嘈杂声感到不安而情绪失控。	提前预告可能出现的事情；有情绪产生时可以同理学生情绪；让学生选择是出去休息一下还是继续坚持；描述其他学生正在做的事情，降低焦虑感。	刚开始，老师可在课前提前预告可能出现的事情，如会很吵，大家很开心、说话声音会很大。同时，在有情绪产生时可以同理学生情绪。并让学生选择是出去休息，则可温柔带学生正去休息（与time out相区分），如果学生选择继续坚持，则可描述其他学生休息后坚持。一段时间后学生能主动选择要出去休息或继续坚持。最后，学生认知能力及情绪调控能力有所进步及将逐步减少将情绪失控的概率。

（续表）

幼儿园的日程	学生可能的表现	列出影子老师采取的策略	评价及总结（开始一段时间后—后面经过怎样的策略可能达到的效果—还需要怎样的支持等）
	拒绝在户外上课或情绪奔溃。	提前预告课程内容及地点的调整；引导学生慢慢适应，从离课程区域近一些的地方慢慢靠近；同理情绪，给予安慰。	最初，老师可在课前预告上课地点及上课形式/内容，如在地下室上演讲课上课时，先带领学生在上课场地走一走，熟悉场地。一段时间后，可以带领学生坐在离同伴不太远的地方旁观，同时随着时间的推移，慢慢像同伴们靠近。最后，带领学生与同伴坐在一起参与活动，参与活动时也不该太强求孩子做什么，以孩子心情愉快的参与活动为标准。
户外主题课程	和同伴发生不适宜的肢体接触。	引导学生学习社交圈的内容；引导学生学习正确的肢体接触方式，握手、拥抱等；引导学生正确表达喜欢或不喜欢。	在刚开始的时候，老师引导学生回忆发生了什么事情，学生做了什么让同伴不舒服了。若学生没有回忆出发生了什么事，老师可故意输入，如故意很重地抱了抱学生，用手推了学生，跑过来撞到了学生等，同时演一遍……一段时间后，学生能理解之前的规则，可增加正确社交距离的学习。最后，对学习内容进行泛化。

（续表）

幼儿园的日程	学生可能的表现	列出影子老师采取的策略	评价及总结（伴随一段时间后一后面经过怎样的策略可能达到的效果一还需要怎样的支持等）
午餐	拒绝吃午餐。	不强求，鼓励尝试。	最初，老师可以告诉学生这是什么菜，学生表示拒绝食用以后，也不强求；另外可给孩子轻松的就餐环境；一段时间后，鼓励孩子多尝试，提示后可以给予表扬，不愿尝试也不予以批评。最后，学生会根据自己的喜好吃一些食物。
	不清楚步骤、规则及完成时间。	制作视觉提示卡，帮助学生学习相应步骤、练习同伴关注、培养根据同伴行为调整自己行为的能力。	最初老师制作视觉提示卡，让孩子根据提示卡的步骤完成相应的任务。同时老师可以引导孩子关注某一个学生的动作，并输入以他为参照物。一段时间后，让孩子自己完成视觉提示卡的粘贴，完成一个任务粘贴一次，增加自控能力；同时增加学生关注同伴的频率。最后逐渐撤离同伴视觉提示卡，让孩子改为参照同伴动作。家庭训练方面，可将孩子的餐盘替换成学校使用的餐盘，采用学校吃饭的流程对孩子的行为给予强化。
	敲击餐盘，发出高频噪音。	引导学生理解并掌握安静地听的规则。	最初，教师可在比较靠后的时间发给他餐盘，一段时间后，在学生敲击餐盘时，告诉学生，餐盘是用来装饭的，不可以敲，敲的声音太大了，很吵。同时，告诉学生可以安静地等待。最后可让学生统计自己安静地等待了几次。

（续表）

幼儿园的日程	学生可能的表现	列出影子老师采取的策略	评价及总结（开始一段时间后—后面经过怎样的策略可能达到的效果—还需要怎样的支持等）
午餐	吃相邋遢，饭菜到处乱掉。	增强眼神共同关注、视觉搜索的练习；增强颜面部触觉感知练习；学习如何处理掉落的饭菜。	最开始，吃饭时老师可多次提示学生"眼睛看餐盘"。一段时间后，吃完午餐，老师提示学生去收拾桌和餐盘。最后，在洗手池处洗脸，洗手。另外，在家庭教育中家长同样需要着重强调眼神的练习，以及颜面部的触觉感知练习。
	自己的食物倒进同伴碗里。	理解食物残渣的处理规则。家庭吃饭的过程中避免互相互倒吃不完的饭（妈妈吃孩子吃剩下的）。	老师在学生吃完饭之前，预告吃完饭后餐盘要放在收餐盘的盒子里。学生吃完饭后，口头提示应该做什么。一段时间后，建立起收餐盘的常规，慢慢过渡到家庭生活中，尽可能避免在学生面前把吃过的饭在他人碗里，做出了错误的示范。

（续表）

幼儿园的日程	学生可能的表现	列出影子老师采取的策略	评价及总结（开始一段时间后后面经过怎样的策略可能达到的效果——还需要怎样的支持等）
午睡	睡前准备工作混乱。	确认睡前工作流程：刷牙、小便，脱衣服，盖被子；口头提示或动作提示每一个步骤。	最初，老师可以用先……再……的规则，引导学生记忆并完成所有的动作。一段时间后，老师不再直接口头再提示了，而是请学生自己做，遇到问题了老师再进行辅助。最后，帮助学生在无辅助的情况下完成所有的动作。
	酝酿睡觉时发出声音，手脚动，入睡困难。	学会控制自己的嘴保持安静，手脚不动；满足口腔内、肩周及四肢的触觉需求。	最初，老师可使用触觉按摩球帮学生按摩放松。一段时间后，学生的触觉需求量没有那么大，则可以采用徒手按摩的方式帮学生按摩。最后，让学生慢慢脱离按摩直接准备睡觉。
	起床时发脾气或拒绝起床。	不要求学生立即起床，给予缓冲时间。引导学生冷静的说话，树立起床的规则。给学生解释要完成起床后需要做的事情，激发学生兴趣，降低学生的焦虑情绪。	起初，老师先叫学生起床，但不要求他立即穿衣服，可以请他看看小朋友都有没有睡醒。醒来在做什么……一段时间后再请学生穿衣服、穿衣服的过程中也可以给孩子输入等下要做的事情，让孩子有所期待。最后，孩子能够心情愉快地去上课。

第四部分

如何支持特需儿童家庭的成长

一、影子老师如何与家长进行沟通？

影子老师与家长的沟通很大程度上是通过每日记录反馈表（示例见附录三）来进行的。每日记录反馈表会真实客观地呈现孩子的在校情况、影子老师的做法及给家长的建议等。

影子老师撰写记录以及与家长沟通时应注意以下几点：

（1）如实记录。（不论是好的表现还是存在的问题）

● 好的表现：很重要！要正向看待孩子，发现孩子的进步和闪光点，要给家长信心；

● 问题和挑战：除了记下具体的问题和挑战之外，还要描述当时影子老师具体是如何处理的。

（2）说明辅助的方式，还要思考如何撤除辅助。

● 影子老师必须牢牢记住的一点是：关键不是辅助，是退出！可能在开始的时候，影子老师会给予不同形式的辅助，但是到后面，一定要注意撤出。因此影子老师在做记录的同时，要思考如何撤出辅助（思考可以体现在记录中）。

（3）写好的记录，用 PDF 导出，再发到家长所在的微信群里面。

（4）在微信群中和家长沟通时，可以发条微信消息强调一下：孩子今天的进步、发生的严重问题（注：以进步为主）。

（5）在与家长沟通中，影子老师如果发现有解决不了的问题，影子老师可以和督导进一步沟通。

（6）个案的前三份记录请务必都要发给督导，之后的记录可以由影子老师自己把控，但要和督导保持沟通。

（7）关于记录格式需注意：

● 注意用儿童名字的拼音简写（遵守职业伦理，保护孩子的隐私）；

- 儿童表现很好的点，可以用符号或者笑脸表示（以后家长数数笑脸就知道孩子进步情况了）；
- 尽量量化，有数字体现，明确是怎样的进步；
- 最后导出的文档按照"儿童名字缩写—日期这样的形式"如"ZY20180312"；
- 进步和问题，用加粗显示。需要家长特别注意的地方，用亮黄表现出来。

二、家校沟通常见的困扰及沟通技巧是什么？

家校沟通非常重要，但短时间内达成有效的家校沟通可能也非常困难，甚至有的家长表示自从孩子进入普校后就一直面临着很大的沟通压力，以下就几点家校沟通常见的困扰和沟通技巧进行说明：

1. 孩子刚入学时家长是否需要向老师告知具体实情

这个问题没有标准答案。首先，要看孩子的能力，如果能力较差，很有可能在入学第一天就被老师发现"有问题"，那么家长可能需要给老师提前打个预防针；如果孩子能力还是不错的，但长期下来还是不能完全适应学校环境，迟早还是会被老师发现（普校老师尤其有经验的老师是具有"火眼金睛"的），有的家长会选择向老师告知部分实情（比如：孩子是轻度自闭症，但家长只是告知老师孩子是发育迟缓，只要给予孩子更多的学习机会，他就可以赶上来），但也有的家长会选择和盘托出，为孩子争取更多支持资源。其次，和谁说很重要，建议先和了解孩子以及融合理念比较强的老师、学校领导沟通，然后由这些老师帮助家长跟其他任课老师、保育阿姨去沟通。最后，怎么说也很重要，当然对于不同的人有不同的沟通方式，但其实校方更希望看到家长是积极沟通的态度，而且愿意在行动上给予校方支持。因为沟通不是仅仅嘴巴上说,还要在行动上支持。

2. 如何让学校接受影子老师进校的申请

在现在的融合教育支持不充分的背景下,很多家长希望能让影子老师进入学校为孩子提供支持,但在与学校领导沟通让学校接受影子老师进校时,有的家长常常"碰壁",这不意味着学校不重视孩子的发展,而是学校也有其考量,综合原因有几点:①影子老师是外来人员,学校没办法完全保障学生的隐私和安全性;②学校领导对影子老师不了解,对其专业性不认可;③认为本校老师完全可以承担起教导学生的责任,不需要特教人员的介入;④担心影子老师影响课堂管理。

对此家长可以采取的沟通技巧有:①向学校领导阐明影子老师的专业性,并提供相应的专业资质证明材料;②介绍真实的成功案例;③先跟班级老师沟通,然后请班级老师帮忙跟学校领导沟通,让领导了解学生的真实情况并理解班级老师也需要特教人员的介入和支持;④让领导明白影子老师的重要性,并且家长会在这当中积极发挥配合作用;⑤向学校说明游语有《影子老师服务隐私协议》,其中包括:影子老师承诺,绝对尊重和保护校方隐私。如果有必要拍摄图片/视频作为记录素材,也是以所带孩子本人为主,涉及其他人员/明显标志(如学校 logo)等,会进行技术处理,同时承诺内容仅限群内交流,不上传至公共平台;影子老师承诺,绝对尊重和保护孩子及其家庭的隐私——除非获得当事人允许,否则不在公开场合谈论可能暴露孩子及家庭隐私的具体事件;影子老师使用化名/缩写(如 CSZ,X 老师)来指称提到的其他人,且仅为方便内部讨论。

总的来说,家长要换位思考,理解学校的顾虑和担忧,然后也要让学校明白家长的需求。更多、更具体的家校沟通技巧,见游语 2021 年 8 月出版的《融合教育实践指南——家校合作实务》一书。

3. 孩子在学校被投诉后正确的处理方式

游语影子老师项目在与普校老师沟通中发现,有一点非常重要,就是不能先入为主地去判断老师。当老师找家长"投诉"孩子在校发生的问题时,家长要先听老师怎么跟你说(请注意:是真的虚心地去听,能接受他人对你孩子的批评,而不是认为老师在针对你的孩子),然后才能从老师的反馈中去寻找支持老师解决困难的办法。这非常需要家长换位思考——站在老师的角度去思考他为什么这么说? 他需要什么? 我该怎么配合? 当家长有这种换位思考时,沟通就成功了一半。因为老师找家长沟通,不是仅仅嘴巴上一说就完事了,而是希望家长在行动上给予支持。专栏 4-1 是《给老师们的一封信》,当孩子因种种行为问题被老师"投诉"后,家长首先要明白老师也是为学生好,然后影子老师发挥中间"桥梁"作用,将家长的想法和一些行之有效的干预策略反馈给班级老师,写信就是很好的一种方式,不仅流露真情实感,也能将干预策略清晰明了地进行说明,促进家校沟通,让老师也更理解学生、理解家长。

专栏 4-1　给老师们的一封信①

亲爱的老师们好:

我是×××。妈妈说,我有时候像小天使,有时候又像个小恶魔。

比如,我发脾气的时候,我大脑中的理智小人会被吓跑,暂时听不懂道理,就像个小恶魔。在家中,当我快气得爆炸的时候,妈妈会说:哇,火山爆发了,你现在的愤怒指数是100(有时候更高)。然后,她会让我做三个深呼吸,或者用向天花板吐一大口"恶气"来帮助我灭火。做好这个步骤,她会问我:你现在愤怒指数降下去了没有? 通常,我吐三大口"恶

---

① 本书信是家长帮助特需儿童写的信,表达了孩子的心境。

气",愤怒指数会降到50。然后妈妈会给我一杯冷水,说:赶紧喝点水,把你的火浇灭吧! 等我喝完了水,她又问我:现在你的愤怒指数是多少? 我通常会说:只有30了。很好,妈妈继续鼓励我说,接下来她会让我自己选择是看一会书,还是吃一块零食,最后给我一个温暖的拥抱,这样我的愤怒指数就差不多到0了。

这是个对我很有效的办法。在我一年级的时候,经常因为一点小事火山爆发。妈妈帮助我通过这种办法,认识了自己的情绪,迅速灭火。等到我冷静下来,再和我说道理。这时候我被吓跑的理智小人重新回来了,可以听懂很多道理了。

妈妈说,只有情绪稳定了,才能有进步。如果我的情绪经常处于波动中,老是容易火山爆发,那么她就变成救火队员了。在学校,如果我的情绪波动,那老师也成了救火队员,我也没有办法好好学习新的知识,学习如何遵守规则,学习交朋友了。所以,妈妈一直说,平稳的情绪是健康成长的基础。

现在我二年级了,我的情绪比刚进学校的时候稳定了很多。不过,二年级的学习要求比一年级更高了,我虽然也在进步,可是离我自己的期待还是有很大距离。我呀,从小就是一个完美主义的小孩,我对自己有很大的期望。幼儿园的时候,我是老师眼中最聪明的孩子之一,因为我认识很多字,知道很多科学知识,还自己就学会了100以内的加减法。进了小学,原以为我会成为"学霸",没想到我有点传说中的学习障碍,尤其是书写和英文阅读,计算速度也提不高(那些比我后学会计算的同学速度都远远超过了我),那些一开始认字都不如我的同学,写字都比我好了。虽然我嘴上不说,但是心里却挺失落的。虽然妈妈说这些基础技能,随着年龄增长我和同学的差距会慢慢缩小,但是我还是体验不到成就感。更让人郁闷的是,不管是体育、舞蹈、武术还是音乐,都是我的弱项。我真的挺想得到老师和同学的认可,可是我快找不到自己的长处了。这让我常常打心眼里觉得自己很倒霉，可又不知道该怪谁，这大概也是我最近比较不开心的原因吧。

妈妈说，每个人都有长处，只是不一样，或者有待发现。如果老师可以在我的短处中找到那么一点点的长处，也要告诉我哦，因为我真的很需要老师的关注。告诉您一个小秘密：有时候我故意做些调皮捣蛋的事情，那可能是我想引起您的注意。如果是这种为了引起关注的捣蛋行为（不涉及安全也不影响其他同学的情况下），老师最好不要理我。这样我觉得无趣了，下次就不会再做了。

但有时候，我不遵守纪律，并不是故意捣蛋，而是神游了，忘记了自己身处的环境。这时候，为了不影响集体，您可来到我的身边，给我做一个提醒手势，或者给我一张有清楚指令的卡片，得到提醒后，大部分情况下我会努力做好。

有时候，我既不是捣蛋，又不是神游，而做出不遵守纪律的时候，那可能还有一种原因：我在逃避某样我不喜欢的事物。有时候我会躲在图书馆不回教室上课。这种行为，是很多原因引起的：有时候是因为那本书太好看了，我看到一半放不了手；有时候是因为我不想上接下来的课。但是要回教室上课的道理我是知道的，只是自己还管不好自己。但是图书馆老师和我约定了，如果我上课了还不回教室，那就把我拎出图书馆，当天也不再欢迎我进图书馆了。

有时候我想，假如有一天我被赋予了某种特别的责任，也许我下课以后就不会一直往图书馆钻了。比如，下课的时候，如果我能够成为老师的小帮手，做些自己可以胜任的工作，但是具体是什么我还不知道。以前吃好午饭的时候，我特别喜欢做水果管理员，给同学发小番茄。上次老师表扬我，让我做排队管理员，我也特别开心。

妈妈说，我是一个 hard 模式的小孩。因为我，她的战斗值已经提升了很多个点。她还说，我这种小孩会被送到一个特别有爱和智慧的地方。因为只有那样的地方,才能给我足够的支持,帮助我的成长。谢谢老师们对我的帮助和呵护,我会继续努力的。

学生×××

2017 年 11 月 7 日

×××妈妈附言

尊敬的 S 老师、M 老师、有可能看到这封信的老师们:

×××让老师们费心了。

老师们教学和管理任务都很繁重,还要经常花更多的时间精力来照顾×××。我从×××的角度,和老师们说说他的情况。也是结合自己这一阶段的学习与思考,给老师一些管理他在校行为的策略以供参考。大概如下:

×××行为问题产生的几大原因(不完整版):①逃避任务;②引起关注;③无所事事;④情绪不佳。

孩子的行为问题,有背后的原因,也有几个针对性的策略。

1. 针对逃避任务

帮助他把目标分解,以数学考试为例,可以先要求他完成概念部分;等完成概念部分,再完成应用题部分。可以适当使用他很向往的一件事作为激励,比如考试态度认真可以去秋游等。

2. 针对故意捣蛋,吸引注意

一般出现他需要寻求关注的时候。上课的时候内容不吸引他,而他的课外书也看完了,可能会发出怪声吸引注意等。在不影响安全和其他同学的情况下,忽略他的捣蛋行为。让他觉得无趣,下次这种行为出现的可能性会有效减少。否则容易被强化。

3. 针对无所事事，神游放空

一般也是出现在无聊情况下，尽量使用手势提醒、视觉卡片提醒。少用语言提醒。慢慢帮助他能够建立自觉的执行功能。另外，可以安排一些他能做也愿意做的小任务，以免无事生非。

4. 针对情绪不佳，叛逆违抗

通常伴有恐惧或愤怒的成分。先帮助他看到自己的情绪，用语言帮助他描述出来，"百分之多少的恐惧＋百分之多少的愤怒"，再帮助他找一下引起这种情绪的原因，比如什么让你害怕，你为什么生气了。然后再让他"灭火处理"。等情绪稳定后，再进行教育。在他情绪不稳定状况下，沟通和教育是很难进行的，甚至有可能让他更失控。

处理×××的问题行为，一方面减少问题行为，一方面增加良好行为。比如给XXX安排一些简单的固定的小任务，让他有事可做，减少去图书馆的次数。减少其他影响集体和他人的问题行为。

再次感谢老师们的辛勤付出。老师辛苦了！

×××妈妈

2017 年 11 月 7 日

三、特需儿童家长如何"拉拢"班级里的普通家庭？

在融合环境下，普通学生及其家长是非常宝贵的支持资源，他们甚至可以发展成为"融合小天使"和"融合大天使"，帮助特需儿童在普校里适应、成长。

但特需儿童的父母首先需要甄别，有些普通学生的家长会让自己孩子离特需孩子远一点（跟孩子说"不要跟那个傻子玩"），这种家庭可以远离。但也有些普通家长会跟自己的孩子说"我们应该多帮助××同学"，并且当自己孩子帮助了特需孩子，也会进行表扬，对孩子进行正面引导。这些家庭就需要特需儿童家长多跟他们联络，家庭与家庭之间形成一个好的联系。

那怎么跟这些家庭建立良好的联系呢？

实际上，当前的整个教育氛围都是比较焦虑的，焦虑的家长不只有特需家长，普通家长也会担心自己孩子在学校是否会被欺负、学习能否跟得上、老师对孩子的态度如何……特需家长若想"拉拢"其他家长和班上的同学，建立良好的关系，需要"厚脸皮"和成为积极的参与者、联系者，比如：

（1）接送孩子的时候，家长们都是在校门口等待，在等待的这段时间，特需家长可以主动去跟班里其他家长寒暄，人与人之间的联系一般都是从长期的寒暄建立的。

（2）积极运用班级微信群。现在每个班级一般都会建立微信群，老师和家长们在微信上交流孩子的在校表现、作业安排、组织周末活动、订购资料等等。特需家长在微信群中，一方面可以展现家长和孩子的学习态度，另一方面可以增加家庭间的互动。

（3）积极参与学校的志愿活动。一般情况下，学校举办运动会、游园会、流通集市等活动时，会招募家长作志愿者。这种宝贵的"刷脸""刷互动""刷好感"的机会家长要积极把握。在志愿服务过程中，可以与其他志愿者家长互动，还可把班里孩子的照片拍下来发到微信群里，大家一起开心。

（4）争取成为家委会的成员甚至是家委会主席。家委会的工作内容一是传达学校的通知，协助班主任在班级群里做传达，并对班费、饭费、校服费、集体出游的相关费用进行收缴统计等。二是对班级活动做筹备，比如班级的义卖、演出等等。也就是说，家委会是老师与家长沟通的纽带、是班级与学校联系的桥梁。成为家委会的一员，也就意味着你将拥有更多的话语权，可以和其他家长甚至老师、校方更多地表达自己和孩子的"声音"，促进彼此的理解包容。

（5）合理利用休闲时间。特需家长可以和班里其他孩子和家长开展课后业余活动，比如利用周末和假期一起带孩子出去玩、聚餐……慢慢地，他们的小孩就有可能会成为特需孩子的玩伴，在学校成为"融合小天使"，积极热心地帮助特需孩子。

四、家长如何准备幼小衔接？

幼小衔接是很多家长都非常关注的一个主题。图 4 - 1 是上海某小学的课程表，虽然不同学校的课程表不同，但基本内容还是一致的。之所以把课程表放在这里说明，是希望家长能从课表中发现小学阶段所需要的常规能力，并提前在学前阶段做好准备。

Time \ Week		Mon	Tue	Wed	Thu	Fri
	8:00 8:30	Exerises				
1	8:30 9:05	美德	英语	数学	公共	语文
2	9:15 9:50	数学	语文	英语	美术	数学
	9:50 10:10	Break Time				
3	10:10 10:45	语文	体育	探究	语文	英语
4	10:55 11:30	英语	美术	探究	语文	体育
	11:30 12:00	Lunch				
	12:00 12:50	Break Time				
5	13:00 13:35	体育	语文	语文	音乐	写字
6	13:45 14:20	音乐	数学	语文	英语	自然
	14:20 14:40	Break Time				
7	14:40 15:30	快乐活动	快乐活动	SSRW	SSRW	14:40 15:00 Pack Up
8	15:40 16:10	Reading / Self-review				
9	16:10 16:25	Pack Up				

图 4 - 1　上海某小学课程表

小学与幼儿园的日常常规发生了非常大的变化,幼儿园活动一般以区角游戏为主,而在小学是以模块化的课程替代了区角游戏时间。也就是说,对特需孩子而言,不论是环境、日常常规还是学业要求都带来了很大挑战。本书参考钱志亮(2011,2013)的研究并根据一线经验,认为小学阶段的常规能力主要包括:环境适应和应变能力、生活自理能力、例行常规能力、社交沟通能力、情绪调节能力、学业学习能力。家长可以就这几个能力提前做好干预方案。除此之外,还要注意行为规范的建立。

1. 环境适应和应变能力

环境适应是一项基本能力,只有适应了环境才能更有安全感。环境适应首先需要熟悉环境。环境不仅包括种种环境设施,还包括老师、同学。环境设施中的教室地理位置、班级标牌、座位、黑板、讲台、储物柜、垃圾桶、洗手间、开水间、老师办公室、校医室、操场集合点……都是需要特需孩子熟悉并适应的。家长可以利用校园开放日参观校园并拍摄照片、视频给孩子看,可以通过视觉化地图的方式向孩子呈现学校的基本布局,还可以在入学前跟学校老师沟通,让孩子提前进入学校熟悉环境。除了熟悉环境设施外,孩子还需要熟悉环境中的人,尤其是班级同学和老师。家长可以提前拍摄班级老师的照片或视频给孩子看,在入学当天或者平时接送孩子时拍摄班级其他同学的照片,或者当老师在微信群发布孩子们活动的照片时,把照片给孩子看,帮助他认识同学。

环境应变能力包括:应对活动的转换(去特定教室上课、从操场回到教室、公开课、外出参观学习);应对人物的转换(不同的老师不同的课、相同的老师不同的课、小组成员变更、班干部人员变更、领队同学变更);应对教学方式的转换(听课、小组讨论、模拟训练);应对临时的调整(调课、其他老师代课、下课了老师拖堂、占用上课时间体检或考试或彩排活动);应对突发的事情(停电、停水、教学设备故障、紧急安全事故)。

2. 生活自理能力

生活自理能力是一项非常重要的能力。幼儿园阶段还会有老师或者保育阿姨帮助孩子一起做,但到了小学,则需要孩子独立照料自己,因此家中要提前做好准备,在进入小学前重视生活自理能力的培养。

生活自理能力包括:能独立找到自己所在班级;能独立去洗手间如厕(小便、大便、冲洗、洗手);能独立去开水间接水、喝水;能独立进食(铺餐布、端饭盒、盛汤、吃饭、喝汤、还餐具、收餐布,且尽量不挑食、不浪费);能独立穿脱衣物(包括上衣、裤子、鞋子,且知道什么时候该加衣服什么时候该脱衣服);能独立管理学习用品(书包、书本、作业本、笔盒文具、美术工具、乐谱);能独立管理个人物品(书包、水壶、衣物、餐布、绿领巾、姓名牌)。

3. 例行常规能力

小学的例行常规不同于幼儿园,因此应具备的例行常规能力也不同,通常包括:按时到校进班(上课不迟到、准确找到教室和自己的座位);交作业;看书(保持安静、不打扰别人);听集体指令;排队(按男女生排队、按学号排队、按身高排队、按小组排队);到操场做广播操、跑步(跟随班级、不掉队);做室内操(与同学保持距离,不碰到他人);做眼保健操;上课安坐(如果能跟上课程进度,可以参与课堂;如果难度实在过大,孩子可以安静地做其他事情,度过无聊时间也不影响他人);下课休息(上洗手间、喝水、准备下节课所需用品、自己嬉戏、和同学们一起玩);个人独立活动时间(享受独处的时光);抄写备忘录(抄写作业和老师给予的反馈);教室卫生值日(扫地、摆桌子、收拾储物柜);整理书包放学。

4. 社交沟通能力

社交沟通能力包括:遵守基本的社交礼仪(打招呼、回应对方);表达观点(需求、拒绝);求助老师和同学(能找到办公室、描述事件和自己的感受);游戏(玩自己擅长的项目,等待同伴来加入,或者友好地询问是否能加入他人的游戏中);初建友谊(送同伴小礼物、表达关心)……

另外,还应重视孩子非言语沟通的能力。沟通不仅仅是说话,"说话"只是沟通的工具,沟通还可以有其他各种不同的工具来进行,包括我们的身体姿势,我们的面部表情,我们跟他人的距离,还可以包括手势、实物、图片、书面文字等等。著名的拉宾定律指出:7%的信息是通过口语传递的(即现在大部分家长给孩子做的"言语康复");93%的沟通信息是无法通过口语表达出来的。因此,在社交沟通中,非言语沟通的能力是非常重要的。

5. 情绪调节能力

情绪没有好坏之分,但孩子要学习调节自己的情绪。家长在应对孩子的情绪行为问题时可以记住六个字"预防、控制、教导"。具体的策略有:

- 提前预告——可以通过口头预告,也可以通过图片预告,让孩子知道下边会发生什么;
- 在问题行为即将发生之前让孩子做替代行为,如:孩子因为觉得活动太无聊而准备爆发情绪前,让他从事其他替代性活动;
- 用情绪卡片或者情绪旁白的方式帮助孩子认识自己的情绪;
- 转移注意力,让孩子关注其他活动;
- 孩子如果确实需要宣泄情绪,可以引导他找合适的方式和环境;
- 日常生活中的活动应当更具灵活性、多变性,让孩子适应不同变化的情境,如:坐不同的交通工具、在不同的餐厅吃饭……

● 日常加强轮流、等待的练习,锻炼孩子的忍耐力;

6. 学业学习能力

目前普校的学业压力普遍较大,很多普通孩子在正式入学前都已储备了超前的学业知识,这在无形中会加快老师的教学进度和加大教学难度,无形中也更加拉大了特需孩子与普通孩子的学业差距。因此很多特需孩子家长也会在幼小衔接阶段加大学业投入。但我们认为,在幼小衔接阶段,家长如果希望提高孩子的学业学习能力,首先应培养孩子的学业习惯和学习品质,比如:能够观察、模仿同龄人;能看懂课程表;可以独立完成课前准备工作(准备书本、文具、教学材料);可以保持一定时间的注意力;能跟读、轮读、齐读、跟写、仿写、抄写、听写、默写、跟唱、轮唱、齐唱、跟画、仿画、自由画、跟做模仿;能举手回答问题;能与他人合作学习……

7. 行为规范的建立

游语影子老师项目在与一线的普校老师沟通中发现,普校老师对特需学生(尤其是自闭症学生)的期望一般涵盖了三点:遵守行为规范、情绪稳定、可以与同学进行正常的社交。其中的"遵守行为规范"是首要要求。家长可以在家中建立与学校情境类似的行为规范(比如:有秩序地排队),另外可以参考本书第三部分的问题行为应对策略,为孩子提供积极行为支持。

8. 关于幼小衔接的小贴士

● 关于小学的例行常规培训:建议有条件的父母可以考虑把孩子送去做幼小衔接的专业机构,他们一般会在小学一年级入学前的暑假开设学前准备班,在一个模拟的校园环境里模拟上学,这样可以帮助孩子提前学习上学的常规。

● 提前学习拼音:目前上海的普小一年级虽然还会教拼音,但是进度很快,有的一个月内就已教完(其他很多省市也是如此),特需孩子很难跟上进度,但拼音又是小学语文中的基础知识,非常重要,但特需孩子入学适应比较困难,第一个月可能连常规都搞不清楚的,上课也可能没办法专心听讲,如果不提前学拼音,让这些孩子在开学一个月之内学会难度确实很大。

● 提前学习广播体操:每个学校都有广播体操,而且几乎是学校每日"必备环节",很多特需孩子学习能力稍落后于普通孩子,有的孩子可能有肢体学习上的困难,因此家中可以提前了解学校用哪一套广播体操,利用暑假的时间,教孩子做广播体操。

五、影子老师项目中如何制定和实施 IFSP(个别化家庭服务计划)?

1. 什么是 IFSP

个别化家庭服务计划,即 Individualized Family Service Plan (IFSP),是美国 1986 年在《障碍者教育法修正案》中提出来的。这是一份书面的干预计划,描述了孩子可以接受的早期服务内容,也描述了什么时候以及这些内容是如何被管理/执行的。更加从细节上,描述了孩子目前的功能水平、具体需求以及治疗的长短期目标。

IFSP 是为了配合个案的需求所设计的服务计划,与个别化教育计划(IEP)最大的不同是,IFSP 专为以家庭为主要活动场所的幼童所拟定,强调的是以"家庭"为中心的模式。一般在 3 岁之前。IEP 则是针对幼童进入日托机构、学校就读全日或半日托时,机构或学校通过课程活动来达成的学童能力的目标设计。强调的是以"个案"为中心的模式。

美国针对 0—5 岁发育迟缓幼儿已经建立了完整的早期干预体系，并加以立法保障。2004 年修正通过的《身心障疑者教育促进法案》(The Individuals with Disabilities Education Improvement Act,简称 IDEIA,即"108 - 446 公法")将早期干预分为 C 部分和 B 部分。

C 部分是关于从出生到满两岁的发育迟缓婴幼儿早期介入,强调以家庭为中心的原则,规定早期干预人员应为婴幼儿及其家庭拟定个别化家庭服务计划(IFSP),并在家庭、学校与社区等自然环境中提供服务。

而 B 部分主要是依据最少受限环境(LRE)的原则,提供 3—5 岁发育迟缓幼儿个别化教育计划(Individualized Educational Program,IEP)与学前特殊教育服务,主张身心障疑幼儿应与一般幼儿就学安置,除非是支援服务无法满足幼儿的需求,才会进行隔离教育。

2. IFSP 的特点

● 服务的是整个家庭。

● 家庭的长处而非缺点。

● 个别化服务而非统一性服务。

● 家庭的选择而非专业人员的选择。

● 家庭成员和专业人员间的合作与互信。

● 专业人员的角色是敏感性的讯息分享而非权威的教育。

IFSP 的基本精神是把家庭视为自己问题的专家,因此从问题的界定、计划的拟定、执行方式的选择,都是依据每一个家庭的不同特性,及家庭本身的意愿为计划考虑的重点;而专业人员的角色则是退居幕后,以提供专业意见为主,并在尊重家庭决定的前提下提供家庭所需要的协助。

在 IFSP 里,游语教育专业人员不但要协助家庭设计一份适合家庭达成的计划,同时在过程中也必须协助家庭执行所拟定的计划,以满足儿童所需要的各种支持,提升孩子的能力,使儿童及其家庭都能够得到最适合的干预服务。

3. IFSP 团队组成

国外 IFSP 的团队是由医生(儿科医生、神经科医生)、学校老师、康复治疗师组成的。但实际上,IFSP 是根据每个孩子的需求而具体定制的,家庭成员的参与很关键,影子老师作为家校沟通的支持者也很重要,因此,游语影子老师项目参考国外模式,结合本土情况,决定将影子老师和特需儿童家庭成员纳入团队之中,期望能更好地促进跨专业团队合作。

4. IFSP 的基本内容

完整的个别化家庭服务计划应包括以下内容:

● 一段话描述儿童/家庭的闪光点

● 儿童的基本情况:描述儿童的生长发育史、诊断结果、主要照料者等。

● 儿童与家庭的评估结果:

　　✓从认知(概念理解、数学、注意力等)、语言(语言理解和表达,沟通意愿和方式等)、运动(大运动和精细水平等)、社会情绪(情绪、与人互动、社会性等)、自我照料(生活适应等)五个方面,描述孩子已经掌握的能力,哪些能力正在出现或者需要干预。

　　✓家长与儿童的互动方式(期望、态度等)积极的部分(基于访谈、录像分析和现场评估)

　　✓需要家长进行调整的部分

● 家庭优先考虑发展的事项：列出家长最关注的 3 项内容

● 家庭教育干预的总建议

● 儿童的长期发展目标：五个发展领域，各列出 1—3 条。

● 短期发展目标和家庭干预活动

　　✓短期目标按照月为单位来制定，选取 2 - 3 个领域（家长比较关注的、孩子优势领域），设计在日常生活里，要求家长做的活动或者游戏。

　　✓家庭干预活动包括：绘本阅读；游戏活动日常作息里的调整

● 服务追踪记录

第五部分

如何支持学校的融合

一、如何创建一个支持包容的校园环境?

障碍只是相对环境而言,环境没有障碍,特需儿童的融合之路就不会走得那么艰难。而学校支持是融合教育支持体系的核心,特需儿童在融合环境中可能会遇到沟通障碍、人际交往困难、情绪行为问题等挑战,这就需要一个包容支持的校园环境。在这里,校园环境包括物理环境和心理环境。

1. 物理环境

物理环境的设计与调整可以参考表 5 - 1 教学环境设计的层面和内涵以及表 3 - 2 环境调整的策略,但每一个特需儿童都是不一样的,他们的需求和挑战都会有差异,所以实际中还需根据每一个孩子具体的情况作出相应的调整。

表 5 - 1 教室环境设计的层面和内涵①

层面	内　涵
教室外观和空间运用	1. 教室的位置安排在不要过于嘈杂的位置。 2. 增加教室物理环境、设备和器具的安全性,以避免危险与伤害(例如:避免有尖角的器具、桌椅尖角处贴上护套)。 3. 增加学生对教室布置、设备和器具的熟悉度(例如:告知学生教室的布置情形,如果有调整或新的设备加入也要提前告知)。 4. 考虑学生的需求设计桌椅(例如:有的谱系孩子因为触觉敏感的原因而不喜欢特定材质的桌椅,那么学校可以考虑进行桌椅调整)。

---

① 修改自:钮文英.拥抱个别差异的新典范——融合教育[M].台北:心理出版社,2009:287 - 288.

（续表）

层面	内　涵
座位安排	1. 座位安排在教师容易监控与协助的位置。 2. 座位安排在同伴易协助的位置。 3. 座位安排在不易分心或受干扰的位置。 4. 根据孩子的特性将座位安排在靠近/远离黑板的位置（比如：有的孩子偏好/反感粉笔写字的声音）。 5. 配合学生的身高安排桌椅。
环境布置	1. 注意物理环境因素的安排（例如：采光、温度、通风、色彩等因素），以增进学生信息的接收和学习。 2. 减少那些可能会让学生产生焦虑不安或其他情绪行为问题的物理环境因素。 3. 减少环境中噪音或诱发分心的刺激，以增进学生的专注力。 4. 提供结构化且多样化的教室环境。 5. 提供回馈的教室环境。 6. 让学生一起参与布置环境。 7. 教室布置与教学内容、学生需求和兴趣相配合，并且能做弹性调整。 8. 提供能让学生操作和使用、弥补其限制的学习环境。 9. 安排能引起学生兴趣的器材，以供他们在课余时间使用或休闲。
教学材料	1. 针对学生的个别化需求而对教学材料的呈现内容进行修改（删减、增加）。 2. 可以调整教学材料的质感。

表 5-2 环境调整的策略①

类型	调整策略	目　的	举　例
在环境上增加	丰富化	提供灵活、多样化的空间安排,使个体有多种的刺激和选择,并且能操作和使用,以减少因无聊和厌倦而产生的行为问题。	1. 在教室中的一角放置图书、各式玩具等。 2. 在教师的一角放置小舞台、各种玩偶和道具等。 3. 播放轻松愉快的音乐,营造环境气氛。
	扩大	扩大环境至外界,减少因环境受限制,或限制时间过长而产生的行为问题。	1. 把孩子带到体育馆、操场等。 2. 把孩子带到可以大声喊叫的场所。
在环境上减少	去除	减少环境的刺激,以减少分心或受干扰的情况。	1. 在学生做作业时,减少干扰的刺激,不做分散其注意力的行为。 2. 教室内面对黑板方向的布置最好不要太杂乱,以免分散学生的注意力。
	限制	限制行为发生的环境,以预防行为问题的发生。	1. 指定某区域进行某种活动。 2. 限制学生于同一时间在同一地点的人数。 3. 为设备或玩具的使用编制轮流表。

---

① 钮文英.拥抱个别差异的新典范——融合教育[M].台北:心理出版社,2009:289-290.游语基于钮文英老师的基础框架与方向,依据目前校园的实际情况与需求,已作多次更新,具体详见"游语云课堂"的生态评估与计划课程。

（续表）

类型	调整策略	目　的	举　例
把环境变化	简易化	从学生的角度去安排环境,降低环境的复杂度,使个体容易取得和使用,以符合人性化的原则。	1. 在学生使用的设备或玩具上标示使用方法和规则。 2. 在抽屉或橱柜上贴标签,便于学生归类整理。 3. 在洗手池的墙上贴视觉提示图,提示洗手的步骤。
	改变位置、属性或模样	改变环境的物理条件、布置和气氛等,或将环境中的设备或器材变换模样,以增加安全性,减少干扰性。	1. 将玻璃杯改成塑胶杯。 2. 关门时避免声音过大的设计。 3. 调节室内色彩、光线等。
在环境内计划	系统化	对环境事先做有系统的规划,以预防行为问题的发生。	1. 对将发生的事件或活动提前公布计划,并说明准备事项和规则等。 2. 安排日程表,例如一天内需要完成的任务。 3. 在醒目处贴上学生该完成的工作流程图、课表,或生活作息表。 4. 教室布置根据教学内容、学生需求做弹性调整。
	提供回馈	在环境中提供回馈的机制,增强学生适当的行为。	1. 在展示栏中张贴学生的作品。 2. 在公布栏中张贴学生良好的行为表现一览表。

2. 心理环境

钮文英(2009)[①]提出要从营造让学生有安全感、能提升学生自我价值感和归属感、自由和喜悦的环境，以及公平和关注的班级气氛五方面，探讨融合班级心理环境的营造。这与马斯洛需求层次理论有相似之处。马斯洛理论把需求分成生理需求（physiological needs）、安全需求（safety needs）、爱和归属感（love and belonging）、尊重（esteem）和自我实现（self-actualization）五类，依次由较低层次到较高层次排列（见图5-1）。这不仅仅是典型发展儿童的需求，特需儿童也同样有这样的需求。所以包容支持的校园环境应该考虑心理环境的营造，包括：营造让学生有安全感的环境、营造能提升学生自我价值感的环境、营造能增进学生归属感的环境、营造自由和喜悦的环境、营造公平和关注的班级气氛。

图5-1 马斯洛需求层次理论

---

① 钮文英.拥抱个别差异的新典范——融合教育.台北[M]：心理出版社,2009：293-299.

当然,营造这样的心理环境,需要政策的推动、校长的倡导和监督、教师态度和理念的转变,还有同伴的引导和支持。学校中的每个人都相信所有的学生都有能力、避免标签化、促进同伴互动、学习目标以多种方式呈现以满足所有学生的学习需求……各种因素的相互作用才能真正营造一个积极包容的融合环境。

不论是物理环境还是心理环境,包容支持的校园环境的建立是一个复杂的过程,需要政府和学校以及家庭等多方面的配合。它绝不可能仅仅依靠个体就能实现,更需整个系统的态度和方法的转变。

二、影子老师如何与校方进行沟通和合作?

影子老师在家校沟通中的作用非常重要。这需要影子老师明确自己在学校环境中的位置以及班主任的主导地位,并且需要积极有效的沟通技巧。

(1)影子老师表示出支持性的态度,尊重班主任班级管理的权威,以班主任的管理为主。在尊重班主任权威的前提下,影子老师把握住能够帮助到班主任的事情,但是要注意不能过度包办。有时候我们要避免:你可能具备了很多专业的知识,但是要一直在提醒自己不要用居高临下的、道德制高点的一种态度去凌驾在别人之上。

(2)不要着急冲过去保护孩子,让其学会小孩子之间的"丛林法则"。考虑清楚还手/不还手会怎样? 老师会怎样处理? 其他小朋友会怎样看待? 举个例子,男孩子间打架,其实他们有自己默认的处理方式,也是独立面对处理社交冲突的机会,影子老师不要着急做干预,先做观察者。

(3)影子老师除了专心服务一个小朋友,要注意把自己的功能扩大化,把自己的影响扩大,用全班的力量,使自己和自己的个案,都融入这个班级。

（4）有效的沟通包括：确保所讲的内容与孩子和班级老师相关，这样班级老师就可以联系起来；通过调整周围的人（班级同学、老师）来建立融洽的关系，即使只是简单地报告信息；重视校方的反馈，对他们所反馈的内容表现出兴趣；鼓励班级老师和其他行政老师、保育阿姨分享想法；尊重校方的意见；向校方解释并反馈孩子家长的想法。概括成三点：积极倾听、积极沟通、尊重不同意见。

第六部分

如何促进社会的包容接纳

游语影子老师项目现在以及未来努力的方向是——聚焦儿童,以特需儿童为中心,辐射学校、家庭、机构、社区/社会。除了学校情境下的适应支持和连接家校合作以外,游语现在正在努力实现的是——将融合教育的情境扩展到社区甚至更大的情境。游语影子老师项目聚焦儿童,以特需儿童为中心,用专业技术辐射家庭、机构、学校、社区及社会。为了特需儿童未来生存环境的改善,除了学校情境的适应与支持,还需要将融合教育的情境扩展到更广泛的社区。游语影子老师项目一直在为特需儿童全面而综合的教育康复支持系统而努力,并有意向与做同样努力的单位/个人合作、交流(交流微信:yyjydai)。为推广国内融合教育的实践,游语做过的努力主要包括:户外野餐社交、大天使志愿者培训及公益读书会。

一、户外野餐社交

很多儿童因为长期在机构培训和家庭训练中忙碌,可能都不知道野餐是什么(儿童在心智力课程的假想及野餐的活动中,我们发现儿童的假想深入能力受限)。也有些儿童,可能有感统问题、过敏、不懂得集体用餐礼仪等,因而无法享受真正的野餐。因此,游语影子老师项目在春天的周末里为学龄段和学龄前儿童举办了多次精彩的野餐活动,让儿童们积极参与,给儿童一次愉快的生活经验的素材输入,给家庭和儿童一次解压释放的机会。具体包括以下内容。

1. 餐前活动

有的儿童匹配和模仿能力比较弱,我们特意设置了野餐之前的摆放餐具环节——准备餐具、折餐花。准备餐具——有的小朋友很喜欢在厨房帮忙,会很渴望帮助摆餐具等。这些技能也可以为美妙的野餐体验做出贡献：不管是在野餐桌上还是在毯子上，每个人都需要盘子、杯子、餐巾纸等，为什么不把它们安排得尽可能美观呢？在野餐的过程中，家长尽可能做一个"只动嘴不动手"的家长，用"直接的语言"指导儿童去做吧。在野餐结束后，可以打印图片，让儿童在家中练习另一种餐桌文化的摆放。

折餐花——在野餐的时候，餐巾纸是必要的，因此学习如何正确地折叠它们很重要，小朋友在折餐花的过程中可以学习餐厅礼仪、学习新的文化。小朋友也许不能享受与野餐有关的许多典型的"有趣"体验，但他们可以享受这个活动的装饰方面。在实践中，我们从来没见过一个不喜欢玩餐巾纸的小孩。玩餐巾纸的过程也是让儿童在学习简单的模仿、想象和提升自信心的过程。

2. 制作沙拉

有的小朋友对吃的比较挑剔，尤其是蔬菜水果，我们准备了制作沙拉环节。在制作沙拉的过程中，需要去关注不同老师的不同特征、记住老师名字、用视线进行追视、学会描述他人特征、表达喜欢/不喜欢的需求等。和家人一起享受准备下午茶的欢乐时光，也是游语看重的亲子时刻——在轻松的氛围中促进亲子关系的健康发展。

3. 其他活动

- 触觉超敏——草地圆圈舞
- 呼吸支持弱、说话比较短——阳光下的追泡泡
- 不爱和同伴玩耍——草地地鼠成长记
- 不知道如何进行同伴合作——彩虹伞
- 儿童感知觉唤醒状态异常（易冲动、乱跑等）——亲子瑜伽

更多结合了心智假想力、感知觉需求、呼吸能力、合作性的社会化活

动内容包括蹦床飞人；你看不见我；瞎子和瘸子游戏；神奇的手指；"烟花与雨"等。

二、"融合大天使"志愿者培训

"融合大天使"指所有有志于为特需儿童的社会融合提供支持的成人志愿者。游语曾多次为上海华东师范大学实习生、上海交通大学 IB 星爱社及其他上海意向成为志愿者的爱心人士进行志愿者培训活动。

三、免费公益读书会

"为了发现自我而读书"

"为了被言说而读书"

"为了爱而读书"

"热情地读书"

以书会友，与会人员不限专业、不限背景、不限年龄，只要你愿意加入融合教育的大家庭，只要你愿意分享自己的所思所想，只要你愿意认真聆听书背后反映的特需儿童的心声，游语都欢迎你。

2018—2021 年，游语举办了近 30 场公益读书会。读书会书目从康复到融合都有涉猎，关注"游语影子老师"公众号（helpmegrow1－10），即可看到推荐书目。

若您所在的单位可以为游语提供免费的场地，容纳 60 名左右的特需儿童家长。欢迎加负责人微信（戴老师微信：yyjydai），就公众号推荐的语言康复、心智康复、社交训练，（游语出版的）融合教育系列书籍作公益分享。

游语云课堂的二维码

扫描二维码，开始系统学习

如需帮助，联系微信：youyu5-8 白老师

附录

各种表格和资源的整合

一、社交训练材料分享

【材料名称】:安全的手脚练习

【目标技能】:不伤害自己和别人,保持平静的学习心态

【提高领域】:社交行为

安全的手脚练习
保持**安全的手脚**可以帮助我们和其他人维持快乐和安全。 如果我们没有安全的手脚,其他人在我们周围会感到不安或不舒服。 如果我们在保持安全的手脚方面有困难,我们可以使用策略来帮助我们。 阅读下面的每一个问题,想一个行为来代替(例如,数到 10,重复一个积极的话语等)

练习卡——说一说,练一练		
排队时有人站得离你太近	朋友午饭时偶然遇到了你	作业需要帮助,但老师没空
妹妹/弟弟把你气疯了	妈妈没听你说话	课间休息时,一个男孩想你扔了一个球,球击中了你
同学拿走了你的玩具	很想有机会上场玩,但每个人都走的很慢	无法引起你朋友的注意

【材料名称】:真话假话游戏

【目标技能】:学会区辨真话与假话

【提高领域】:社交语言

第一关:小脑袋想一想	
我会说出三件真事(三句真话)	
第一件事:	
第二件事:	
第三件事:	
我会说出三件想象的事(三句假话)	
第一件事:	
第二件事:	
第三件事:	

第二关:总结小能手	
什么是假话	什么是真话?

第三关:摇摇小铃铛

游戏玩法:父母与儿童互相说一件事情,当别人说的是假话的时候,拍拍小铃铛;当别人说的是真话的时候,拍手。

＊注意:拍完小铃铛后,需要总结:这是假话！先与父母游戏,后与同伴游戏

第四关:真话时间/假话时间

＊＊爸爸妈妈可与儿童进行真话时间/假话时间的游戏,在真话时间只能说真话,在假话时间只能说假话。在儿童或父母说"真话/假话游戏时间到啰"后,进行游戏(其余时间儿童说假话没有回应),在每说完一句话后父母进行总结:xx 是假话,在假话时间可以说的,说得真好。/xx 是真话,说得真棒!

【材料名称】:成绩不如意的闯关游戏

【目标技能】:针对学龄期 AS 儿童面对成绩不如意时的情绪行为控制训练,减少由于成绩不如意时情绪行为问题爆发。

【提高领域】:社交情绪

第一关：	
我会说出三件成绩不如意的事情(什么时候.哪一科.目标分数.实际分数)	
第一件事：	
第二件事：	
第三件事：	

第二关：	
当我面对这些事的时候,写下代表我的心情,有这样的心情的原因：	□难过 □不开心 □平静 □生气 □愤怒
第一件事：	
第二件事：	
第三件事：	

第三关：
"我们来说小故事"： 我和老师根据发生在我身上考试不如意的事情.改成关于小明一个小故事。

（续表）

故事一：	
故事二：	
故事三：	
第四关：	
"我们来演一演" 老师扮演小明,我会去安慰老师。	
第五关：	
"我们一起来总结"：面对成绩不如意,我们应该怎么做?	
策略一：	
策略二：	
策略三：	

【材料名称】:音量控制机

【目标技能】:学习音量大小,懂得掌控音量大小,为自我控制做能力准备

【提高领域】:社交音量

第一关： **模仿雨的声音**	
细雨无声	
小雨滴滴答答	
中雨刷刷刷	
大雨哗啦哗啦	
雷阵雨轰隆隆	

第二关： **"我们一起来下雨"**
我与老师一起模仿下雨的声音，并对应相应的音量。

第三关： **我们生活的雨**	
我们在什么时候可以用不同雨的音量说话呢？	
细雨：	

（续表）

小雨：	
中雨：	
大雨：	
雷暴雨：	
第三关："我们来做小视频"	
拍下不同雨下的不同情景的视频。如：在课堂下，我们会选择细雨。	

【材料名称】：问题的大小情况

【目标技能】：学会鉴别问题大小，遇到困难不放弃

【提高领域】：问题解决、情绪控制

1. 识别问题

2. 决定这个问题有多大

3. 想出至少三个解决办法

4. 选出最好的方式并尝试

5. 评定这个问题是否有被解决

问题的大小情况

确定问题的大小,在横线填上对应的数字。

1	2	3	4	5
完全没问题	有点小问题	还可以	问题有点大	遇到大麻烦了

1. 小爱觉得很累,因为她昨晚没睡好。她想去睡觉,但是陈老师说现在师学习的时间。＿＿＿＿＿＿

2. 小融在攀爬架上玩。然后他掉下来了,还把手弄伤了。＿＿＿＿＿＿

3. 小合不想写字,但他一定要做。＿＿＿＿＿＿

4. 今天小乔迟到了,还错过了特别节目。＿＿＿＿＿＿

5. 小合离开了教室,陈老师和蔡老师都不知道他去哪了。＿＿＿＿＿＿

6. 小猪冲教室里的老师大喊大叫。＿＿＿＿＿＿

7. 小蓉嗓子疼。他抱怨喝水都疼。＿＿＿＿＿＿

8. 小杰摔了一跤,把膝盖弄破了,还在流血。＿＿＿＿＿＿

9. 小猪在写回家作业。老师和他说要上课了,他还在写。＿＿＿＿＿＿

10. 当小朋友在学习的时候,小乔在教室里哭。＿＿＿＿＿＿

【材料名称】:同理心与视角训练

【目标技能】:学会换角度思考问题

【提高领域】:社交视角

视角是什么?

定义

> 一个观点

> 事物的表现

> 感知或者理解观察到的东西的

能力 (如: 事物、人、行动、经

观点是什么?

定义

> 一个人看待情景、感觉情景的方

式, 或者他们对待情境的意见。

(从他们的视角)

观察记录：观点/角度

☆记录者：		日期：	

☆情况：发生了什么？

谁？	
哪里？	
何时？	

最初事件：	
反应：	
结果：	

观点/角度

情况 发生了什么?	问题	观察

	他们在干什么?	
	样子看起来如何?	
	他们说什么?	
	声音的音调如何?	

我对情况的观点/角度

我的想法和感觉:		
	在我的观点里,	

多角度认知他人观点第一步：察知他人的观点/多角度

情况观察		情况观察
从<u>我</u>的角度：_____		从_____的角度

↓ 结果   对比/相反 ←→   ↓ 结果

↓ 察知他人的观点/下一步是什么？

多角度观点

一个角度的观点	情况/经历	另一个角度的观点
_____对于情况的观察、想法、感受和意见	谁？何时？何地？发生了什么？	_____对于情况的观察、想法、感受和意见

← →

结果/接下来发生什么？

情绪

心境

定义	定义
● 在特定时间内你感受的方式 ● 你思维或情感的状态	● <u>其他人</u>对我如何感受的<u>印象</u> ● 印象基于<u>他们</u>的观察
↓ 例子	↓ 例子
我现在心情很好因为对于今天晚上我和朋友一起去生日派对我感觉很开心	我猜小白心情一定很好因为她在笑,和每一个人微笑着说她今晚打算和朋友去生日派对。

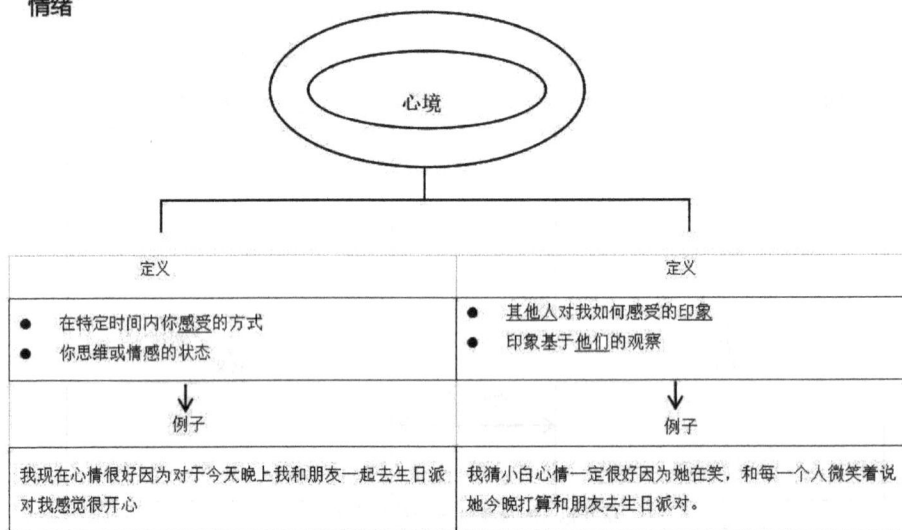

生气的情绪因果

空白图

发生了什么?				结果
	结果→	感受	结果→	

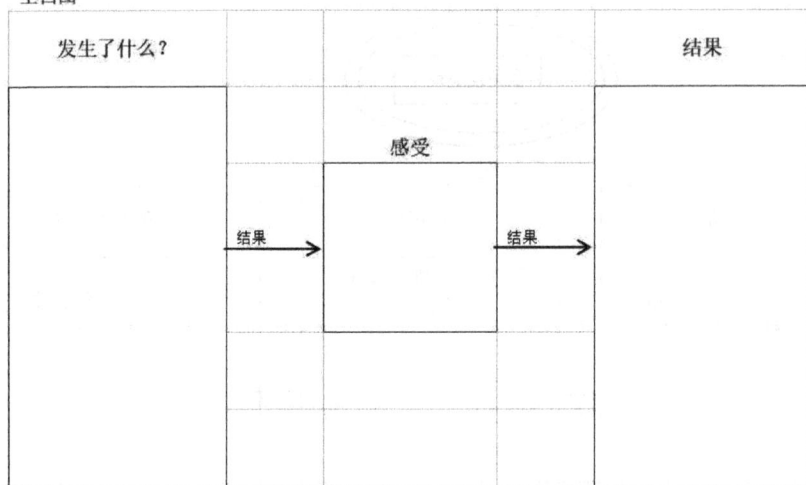

【材料名称】:陈述不满的原因

【目标技能】:平静陈述自己感到不满的原因,替代掉发脾气或责怪

他人

【提高领域】:社交语言

姓名: _____ 日期: _____

陈述不满的原因 VS 责怪他人

我可以平静地陈述自己感到不满的原因,而不是责怪别人。

陈述原因	责怪

选择下面的内容,然后填到对应框中

A.因为你忘了,所以我很伤心。	B.你弄坏了我的玩具。	C.因为他这样做,所以我很失落。	D.他很小气。	E.她故意让我生气。	F.我比赛输了,好难过。
G.你忘记是因为你蠢。	H.我生她的气。	I.你讨厌我。	J.我的玩具坏了。	K.你作弊!	L.我感觉你一点也不在乎。

【材料名称】:我的愤怒引爆器

【目标技能】:理解自己愤怒的引子,能够控制自己的不良情绪

【提高领域】:社交情绪

控制愤怒

我的愤怒引爆器

冷却的四步技术

1. 停止并思考

2. 缓慢地深呼吸

3. 数数

4. 记住你的 "不生气咒语"

【材料名称】:教室里的声音

【目标技能】:学会不同的场合用不同的声音说话

【提高领域】:社交音量

教室里的声音

5	被欺负时	
4	回答问题时	
3	有问题举手时	
2	小组讨论	
1	听课的时候	
兑换		

以下为儿童自我管理材料示例

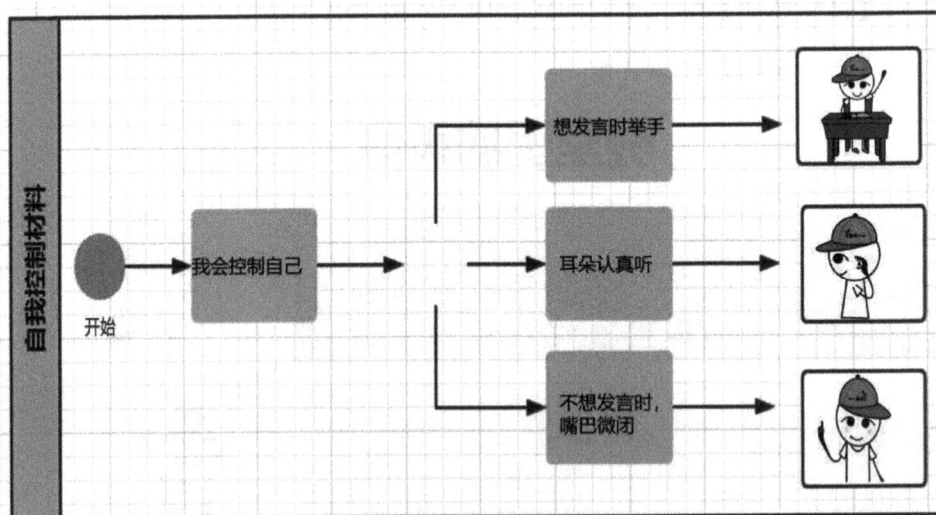

＿＿＿＿＿＿的一周小目标

目标	星期一	星期二	星期三	星期四	星期五
对人友好					
坐姿标准					
关注老师					
收拾书包					
关心同学					

班级小星星兑换机制

奖励：
10个小星星：选择一个贴纸
20个小星星：换座位
30个小星星：选一个新橡皮
40个小星星：选一个新铅笔
50个小星星：选一本新本子
60个小星星：
70个小星星：

课堂不无聊，做到简单参与的五个层级

儿童姓名：　　　　　评估者：　　　　　评估日期：

层级1	坐着听讲	能做到	要努力
层级2	会的问题举手	☆	
层级3	不会的问题先思考	☆	
层级4	学会求助	☆	
层级5	简单参与同学的讨论	☆	
经评估，儿童的能力水平是：			

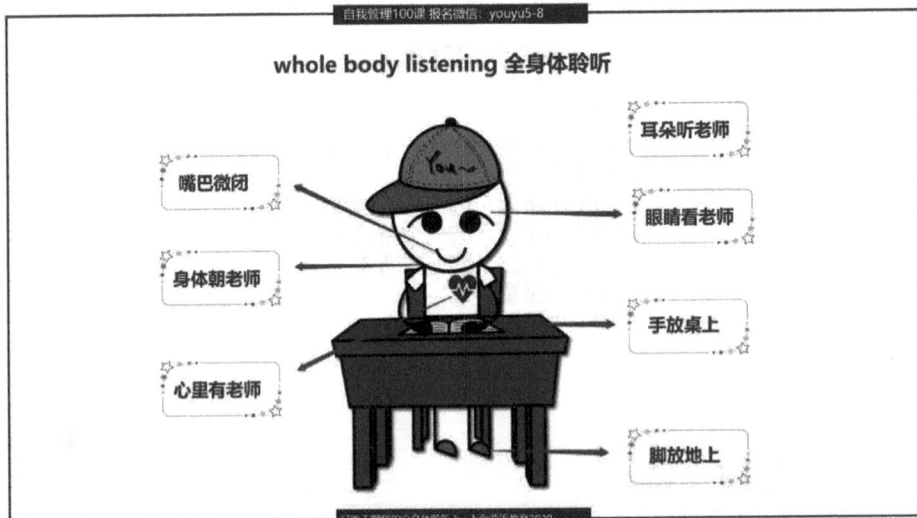

自我管理100课 报名微信: youyu5-8

whole body listening 全身体聆听

耳朵听老师

嘴巴微闭

眼睛看老师

身体朝老师

手放桌上

心里有老师

脚放地上

打败无脚管的全身体聆听 by 上海游语教育2020

自我管理100课 报名微信: youyu5-8

积极的自我暗示法:
积极的外部言语重复: "我能管住自己的手(不打人)"; "我能保持冷静(不发脾气)"
积极的内部言语重复:

积

游语majic shop
兑换机制:
做到 次 =
做到 次 =

兑　换　表

步骤	星期一	星期二	星期三	星期四	星期五
放书包					
休息					
写作业					
收拾书包					

和妈妈的约定

表现总结：周一____个五角星；周二____个五角星；周三____个五角星；周四____

个五角星；周五____个五角星，本周共获得____个五角星，和妈妈约定的

周末的奖励是：

签字/画押：
日期：

"先举手再说话"的行为结果导图

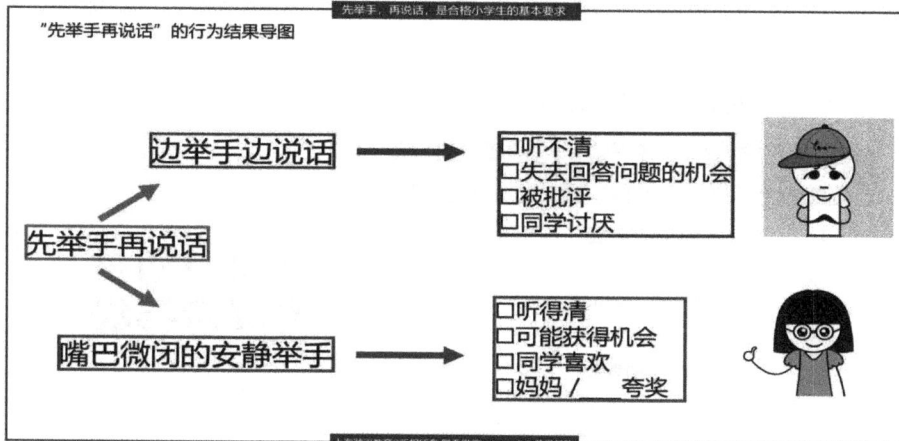

边举手边说话　→　□听不清　□失去回答问题的机会　□被批评　□同学讨厌

先举手再说话

嘴巴微闭的安静举手　→　□听得清　□可能获得机会　□同学喜欢　□妈妈/　夸奖

我的课堂声音

等级	课堂的声音
5	大声朗读的声音
4	回答老师问题的声音
3	小组讨论的声音
2	听不懂时寻问的声音
1	听课的时候

课堂的声音等级

游语五点量表

和小动物一样大的声音

等级	场景	动物举例
4	大声朗读的声音	恐龙
3	回答老师问题的声音	老虎
2	小声讨论的声音	小狗
1	小声说，悄悄话的声音	小猫
0	心里说，没有声音	小海龟

听课小动物的声音等级

游语五点量表

自我管理100课 报名微信：youyu5-8

五星难度

五星的"课堂视觉注意力"的自评表

1.老师讲课时，我的眼睛能够看老师 □□□□□

2.同学发言时，我的眼睛能够看同学 □□□□□

3.老师看同学的时候，我的眼睛也看同学 □□□□□

4.老师说看黑板/屏幕/书本，我也能看＿＿＿＿＿＿。□□□□□

5.老师说"指着读"时，我能边指边读 □□□□□

majic shop
兑换机制：
集满 个★=

自我管理100课 报名微信：youyu5-8

三星难度

"课堂视觉注意力"的自我管理

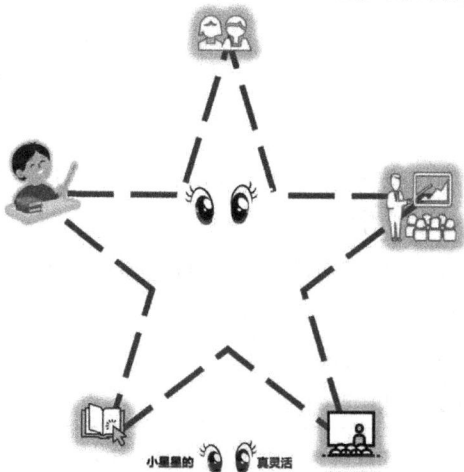

小星星的 真灵活

游语majic shop
兑换机制：
集满 个 =

　　社交材料涉及的范围较广，包含自我管理、情绪、语言、心智、校园霸凌等，由于本部分篇幅有限，不做展开。如有以上问题的困难，可以添加微信：youyu5-8，说明清楚孩子的具体问题，获得指导。

二、评估报告（示例）

评估表

评估日期：_____

评估者：_____

姓名：×××（小名：Linda）	性别：女	年龄：5 岁多	班级：大班
联系地址：××幼儿园		障碍类型：ASD（偏高功能）	
评估 1 儿童个体的评估			
①家长的期望		②幼儿园老师的期望	
提高社交沟通能力以及规则、合作意识，可以在普通小学较好的融合		希望能在沟通表达、自控能力上有所改善	
③个体的喜好	喜欢的东西（食物与物品）	刮画纸、书	
	喜欢的活动	老师反映没发现有特别喜欢的，像美术课还可以，但是也要看课程内容	
	喜欢的人	糖糖（班上的一个小朋友，Linda 会通过推人的方式表达自己的社交需求）	
④个体的优势	个体的特长	记忆力不错，比如记人名	
	个体的性格优势	属于比较温和、乖的孩子	
	个体的其他优势	听从指令，配合度高，一般老师要求的指令她都会听从	
⑤健康状态	生长经历	妈妈在去年（孩子四岁多时）意识到孩子有些不太一样，看了多家医院后，最近才确诊为 ASD	
	感知觉的问题及其他	目前并没有发现这方面的问题	

（续表）

	认知	妈妈和老师反映 Linda 的认知还可以
⑥发育状况	语言沟通及理解	□ 语言理解:基本能理解对方说的话,理解方面还是可以的 □ 发音没问题 □ 有自言自语的情况,老师反映有时小朋友跟她说话,她会自己叨叨其他事情,跟语境毫无关系 □ 在引导下可以进行几个回合的对话 □ 主动性语言:很少,但遇到自己感兴趣的问题会提问,比如今天的美术课有主动问老师"这是什么?" □ 回应性语言:有回应性语言。对老师的回应是及时、清楚的,但对同伴的回应语言不是特别多 □ 沟通意愿:有沟通意愿,更多的是通过非言语来表达 □ 非言语沟通:比如会通过点头、抓对方衣服、站在旁边盯着看游戏……等方式表达自己的需求
	运动	□ 大运动方面:虽然学习这方面的新技能比同龄孩子稍慢一点,但总体还是可以的,会轮滑、两轮自行车 □ 精细动作方面:会玩乐高、写自己的大名,但总体来说,手部精细和手部力量控制能力还是较弱的,涂画时会超出框外、扣扣子也比较吃力

（续表）

⑥发育状况	社会性	□ 社交技能需要加强,她不知道如何恰当地与人相处,比如:会通过推人、扔东西的方式引起关注或表达社交需求;区角游戏时如果老师/小朋友不主动带着她玩,她就会在教室里游荡;区角游戏时,老师一开始会帮助她参与小朋友的角色扮演游戏中,然后把提示撤除,她最多只能坚持两三分钟,两三分钟后她就跟其他小朋友玩不下去了。 □ 会观察和模仿:会观察其他人在做什么,比如:区角游戏时,她会去瞄一瞄其他人玩什么,但瞄了一小会后就自己玩自己的;会模仿身边的人的反应和正在做什么、说什么,比如:当几个小朋友围过来跟我打招呼,Linda 从我面前经过也会跟我招招手(没有眼神注视,也没有言语表达,但有招手)。 □ 指令的听从:基本都能理解指令、听从指令。 □ 相对而言,Linda 与成人的互动还可以,但与同伴的互动有比较多的障碍。
	注意力	□ 如果是自己感兴趣而且自信的课,Linda 的注意力持续时间可以很长,比如今天的美术课(30 分钟),除了中间有 1、2 分钟她被窗外的做操音乐吸引了,其他时间她都是很专注的,也有共同注意力。

（续表）

⑦学习情况		□ Linda 的情绪状态、兴趣点、能力水平都会影响她上课的状态。有些课程内容,她如果不感兴趣或者觉得自己做不到,她就会比较游离(离座、看窗外……),但今天的美术课她的状态还是不错的:①基本可以坐在自己的位置上专注听老师讲课;②离座两次,第一次是离座到屏幕前问老师"这是什么",第二次是被窗外的做操音乐吸引,站起来跟着音乐拍拍手、点点头、跳一跳(持续了1、2分钟后就坐下了);③当老师在纸上用手指作画时,她的视线是关注的,还会伸长脖子去张望;④在动手画画环节,她其实知道要怎么画,但因为她精细能力较弱,需要老师身体辅助把鸭子画出来;⑤她画画是有自己的逻辑的,当我夸她涂的颜色很丰富很漂亮时,她指了指旁边女生的迷彩马甲(有粉的、蓝的、黄的……),这跟她的涂色风格很接近。
⑧行为情绪	挑战性行为	□ 集体课时:如果她听不懂或者不感兴趣,她会离座或者东张西望; □ 通过推人的方式表达社交需求; □ 通过扔东西引起关注; □ 午睡睡不着时会叫、笑; □ 但总体而言,并没有太严重的行为问题

（续表）

⑧行为情绪	情绪问题	总体而言,Linda 没有太严重的情绪问题,但通过观察和访谈家长老师,会发现:她会通过转移话题来逃避自己不会做的任务;会看着其他小朋友做游戏而在一旁发呆;让她看社交绘本时她会敏感,会直接拒接;答题得不到满分时会焦虑、沮丧、生气;老师、家长、小朋友夸她,她可以高兴一整天——其实是一个敏感、倔强、有好胜心、容易感到受挫、但得到一点点认可就特别开心的女孩。
⑨在校日常生活技能及挑战		☐ 基本能跟下幼儿园的常规日程,偶尔需要老师提醒; ☐ 午睡:老师反映 Linda 在幼儿园午睡很困难,睡得晚,而且睡着睡着就想上厕所、叫、笑。但她其实并没有睡眠障碍,根据妈妈的描述应该是生物钟的影响; ☐ 午饭:老师反映 Linda 在外婆那可以自己吃饭,但在幼儿园要老师喂才吃。
评估 2 环境支持的评估		
⑩干预信息	接受过的干预	某机构上过 5 次音乐课
	正在接受干预	某机构感统训练、英语课
⑪学校环境	与老师同学的关系状况	☐ 老师对 Linda 特别包容,也会做一些引导,比如:区角游戏时,会引导 Linda 向其他小朋友表达自己也想要玩。 ☐ 同学中虽然有的小朋友不理解 Linda 为什么不太一样,但大部分孩子对她都是很友善的,会跟她打招呼,当 Linda 把玩具放错位置时会提醒她,当 Linda 画得好时也会对她竖大拇指说:"Linda 你真棒!"

（续表）

⑪学校环境	学校环境可利用的资源	班级的氛围挺好的,老师虽然没有特殊教育的背景,在支持特殊孩子方面的经验不足,但是她们尊重孩子的多样性,很希望能够更好地支持 Linda 的成长。

评估 3　综合评估

评估的汇总与分析

优势:

☐ 属于比较乖的孩子,没有严重的问题行为和情绪问题;

☐ 关注人,会去留意、观察其他小朋友在干什么;

☐ 在老师的示范、引导下,能短暂地参与到集体游戏中去;

☐ 理解指令、听从指令,配合度高——这是非常重要的优势,因为这是干预的基础;

☐ 有沟通意愿,基本是通过非言语来表达;

☐ 有回应性语言,在引导下可以进行多个回合的对话;

☐ 非言语沟通不错——有眼神关注,会用自己的肢体动作、表情来表达情绪和需求,能理解老师的手势;

☐ 期待正向评价;

☐ 有好奇心,遇到自己很感兴趣的问题会询问;

☐ 做自己喜欢的事情时会很专注;有一定的共同注意力;

☐ 在老师的辅助下能完全跟下一天的常规日程;

☐ 环境优势:班级氛围好,不管是老师还是同学,对待 Linda 是包容友善的,而且老师们真的是非常希望能获得特殊教育方面的支持,从而更好支持 Linda。

（续表）

挑战：

☐ 沟通方面：主动性语言非常少，也不知道怎么用恰当的方式表达自己的社交需求、情绪；

☐ 精细方面：需要加强——因为生活自理、幼儿园里的很多活动都与精细有很大关系；

☐ 行为规范方面：有些集体课会离座；偶尔会通过叫、笑来表达自己的焦虑、不满、无聊；有时会通过捣乱（如：扔东西）来引起关注；

☐ 集体活动参与情况：如果是自己感兴趣去且能力可达的课程内容，她的专注度非常高，比如美术课还可以；

☐ 社交方面：存在比较大的障碍，不知道怎么恰当地表达自己的好感和亲近，会通过推人、打对方脑袋等方式表达；与成人的互动还算可以，但同伴之间的互动持续不了多久——社交方面是关注并长期支持的；

☐ 午饭及午睡：幼儿园情境和家里情境不一样，在家里可以自己吃饭，没有睡眠障碍，在幼儿园则需要老师喂饭，午睡困难。

建议：

☐ 小团体式的集体课、兴趣班：可以让孩子尝试一些几人组的团体课，诸如骑马、攀岩、跆拳道、钢琴、游泳、绘画等等这些项目，一方面可以尝试拓展她的兴趣面，另一方面，坚持练下来，对大运动、手眼协调、身体协调性、注意力、规则理解、社会性其实都是有帮助的。注意：考虑到 Linda 很容易会因为受挫而逃避任务，所以如果是对她来说难度比较大的项目，先从一对一教导开始，然后才进入融合情境中与其他孩子一起进行。

（续表）

□ 发展孩子的特长和兴趣：我很赞同从孩子的优势去挖掘，"短板"固然重要，但是真正支撑孩子长远的是她的优势（长板），如下图的新木桶原理，在合理的支持引导下，孩子会因为她的长板走得更远。不管是家长还是老师，可以尽可能发现 Linda 的闪光点，然后把闪光点进行延伸。比如：如果她喜欢英语，是不是可以给她拓展更多的机会，让她展现能力（增强自信心、表达能力）？如果她喜欢画画，是不是可以引导她表达自己的创作灵感（表达能力）？如果她喜欢自行车，是不可以引导她知道车的类型、牌子……（认知）、一起组装车子模型（精细、团队合作、社交、轮流、等待）、给模型上色（精细、审美）、组团一起骑自行车（大运动、等待、社交）、以自行车为工具玩游戏（社交、规则理解）？——也就是说，基于"闪光点"和"兴趣点"不断拓展、延伸。

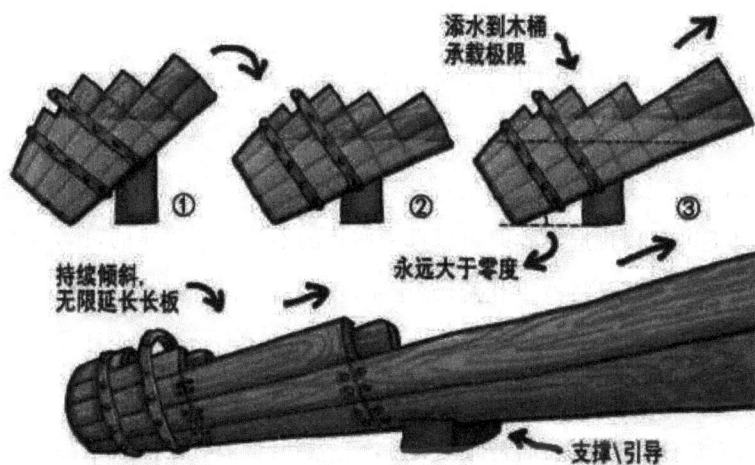

新木桶原理：木桶能盛多少水不在于短板多短，而是长板多长。

（续表）

☐ 沟通：虽然 Linda 的主动性语言很少，但她是有社交需求的，是有沟通意愿的，所以需要老师和家长架起沟通的"桥梁"：第一，进行描述性语言（如：向她描述她现在正在做什么）；第二，向她示范怎么恰当表达需求（如：当她想要和其他小朋友时，教她表达"我想要和你一起玩"）；第三，可以进行情绪旁白（当她开心时或生气时，家长或老师在一旁将她的情绪表达出来，让孩子知道是有人理解她的，而且也可以疏导她的情绪）；第四，关注她的非言语沟通，沟通不是只有言语这一种形式，像表情、手势、动作、眼神……是非常重要的，这也是沟通，如果 Linda 能够通过非言语的方式达到沟通的目的，其实也是可以的。——家长和老师所需要做的其实就是示范、描述，让 Linda 得到大量的语言输入，积累足够的生活经验。其实就像一个银行，银行卡里得先有钱才能把钱取出来，想要让孩子有语言输出，就先要有语言输入——有意义的语言大量输入。

☐ 社交：Linda 在社交上的障碍还是很突出的，一方面建议影子老师介入，做社交引导和同伴支持；另一方面建议可以通过绘本或者社交故事的方式让孩子理解，Linda 其实还是挺喜欢看书的，但是她会对社交绘本很敏感（觉得是针对自己的不足），所以挑选绘本时可以选一些目的不是特别明显的，比如，关于礼貌用语的绘本不是特意讲礼貌，而是通过一些很有趣的故事去讲礼貌。而且亲子共读，或者老师与学生共读绘本的这个过程本身就是一个社交的过程，会有倾听、表达、等待、轮流、分享等等包含其中。

☐ 理解孩子，不是孩子不想做，而是需要支持才能做到：很多时候，Linda 是因为做不到或者不知道怎么去做，所以就不去做，所以就到处游离，需要老师或小朋友给她示范怎么做，并提供不同程度的支持。

（续表）

□ 支持程度的等级：今天的评估发现老师们给 Linda 的支持基本都是语言提示或者直接的身体辅助，建议根据 Linda 的能力调整对她的支持，对于不是很擅长的项目，可以用语言提示和身体辅助，但有能力或者比较常规的项目，可以考虑用手势提示、动作提示、视觉提示等等，比如，当她不知道要回座位坐好时，可以拍拍她，然后指一指座位，看看她会不会自己回去坐好。——直接的身体辅助和语言提示的确可以更快地帮助孩子完成指令或任务，但依赖性强，因此会建议根据孩子的情况进行不同程度的调整，一点点撤销辅助，帮助孩子更好地自我管理。

□ 关于午睡：根据幼儿园老师和妈妈的回答，我觉得这个主要是因为 Linda 的生物钟影响（Linda 平常下午多数是在机构做干预，不睡午觉，即使在家里睡午觉也是 2 点才睡），在幼儿园她很难睡着，她躺在床上睡不着其实也很难受的，所以才会上厕所、叫啊、笑啊。建议：先让她尝试睡，如果实在睡不着，可以让她进行替代性活动（比如：坐在床上安静地看书），也就是用一个既不影响她人睡觉而她也不焦虑的活动去替代。

□ 关于午饭：Linda 在外婆那可以自己吃，在学校反而需要教师喂，因为我没有在现场观察到，这里边的缘由还需要影子老师在该情境下做观察。

□ 生活自理：学校情境（不管是幼儿园还是之后的小学）是很强调生活自理能力的，家长在家里可以将这方面的能力一点点提高，将任务一步步分解，给孩子机会，让孩子有时间多去尝试自己去做。因为生活自理能力是受益终生的能力，不仅仅对大运动、精细有帮助，对自我管理、自我意识也有帮助，因为这是一种人对自身掌控的能力。

□ 同伴支持：同伴支持策略是我们非常主张的一个策略，来自同伴的示范、鼓励、表扬很多时候会起到事半功倍的效果。老师（包括影子老师）可以尝试在班级里发展"融合小伙伴"，帮助 Linda 开展社交。

（续表）

□ 视觉提示可以和奖励结合起来：设计奖励图表（比如：帮助同学或老师就可以拿到小星星，集满 5 颗小星星就可以打开心愿包，心愿包里有海盗船游戏、得到一张刮画纸、得到小贴纸……）——这个策略可以和同伴支持策略结合起来用，比如其他小朋友帮助 Linda，也可以得到小星星，集满小星星也可以兑换奖品。

□ 关注孩子的情绪，积极正向地评价：Linda 是一个内心很敏感、非常希望能得到认可和鼓励的孩子，很多时候，她会因为得到鼓励认可而去努力，建议家长和老师不要忘了多给她正向积极的回馈，老师甚至可以引导其他小朋友多看到 Linda 的优点，引导其他小朋友也去鼓励她、表扬她——我们首先要认可孩子，她才会有更多的内心的积极力量！

三、影子老师每日记录反馈表（示例）①

日期：2018.03.12 儿童姓名：__PX__ 所在学校：__×××幼儿园__
记录人：杨老师

时间及活动	表现	评价/建议
8:30—8:45 入园常规	1. 八点半杨老师从 PX 家接到 PX 并一路一起前往幼儿园，PX 能在校外公引导下叫"杨老师早"，一路可以在提醒下自己步行到幼儿园门口，并且在杨老师引导下和门卫爷爷打招呼说"爷爷早"。 2. 进园后 PX 可以自行去洗手，打开龙头，按洗手液，冲洗，😊。在杨老师辅助下搓手，提醒"关"后可以关掉水龙头，用毛巾擦手（期待不需要辅助也可以独立记得流程）。 3. PX 可以自行找到企鹅班，提醒下放书包，插牌子，脱外套，外套自己会脱到一半会主动说"帮"，杨老师辅助脱下并挂好。	PX 可以独立洗手，家里可以多鼓励，并练习搓手，可以教他数数字，数 5 下搓完手。

① 在"游语云课堂"，生态评估与计划的系统课程中，提供了丰富的版本，供不同融合进展、层级、能力的融合师资及父母使用。

206

融合教育实践指导——影子老师手作操册

（续表）

时间及活动	表现	评价/建议
8:45－9:00 点心	1. 今天的点心是奶黄黄包和牛奶，PX在辅助提示下可以坐好不动杯子☺，老师问要不要牛奶，PX说不要，但老师还是倒了。 2. 吃点心时，PX说不要吃，班主任辅助喝完牛奶，奶黄黄包没有吃。	PX给东西是爱说"不要"，其实不一定真的不要，家里给吃的时候可以不用问，给他先尝试并鼓励吃得好。或者引导px主动说出完整句子"我要……"；"妈妈，给我……"；"我还要……"。
9:00－9:30 升旗仪式	1. 今天是本学期第一次升旗仪式，老师安排了班级最大的同学和PX一组拉手手下楼梯，PX可以跟着队伍下楼到操场就下楼梯时，杨老师在旁喊"加油"，PX便加快速度跟上队伍（间接的语言提醒也能够较好跟从，很棒）。 2. 在操场上，PX辅助下可以排队并站在队伍里不会乱跑，樊老师表扬了PX站的好。旗手入场时，杨老师口头提示他看旗手，并用手在PX背后扶着PX可以站着看不动，升国旗时杨老师也在背后扶着PX可以看着国旗升起。 3. 仪式结束后是做广播操，杨老师拉着他的手辅助做操。	家长可以多放和唱国歌音乐《世界多美好》广播操音乐，让他熟悉。同时辅助他做一下简单韵律操。

（续表）

时间及活动	表现	评价/建议
9:30 - 10:00 户外活动	1. 升旗仪式结束后，企鹅班留下拍集体照，PX 在辅助下可以和小班同学一起坐在地上，老师要求盘腿，杨老师协助 PX 盘腿，但盘腿这个动作不能坚持。拍照过程中 PX 没有乱动，杨老师拿一根草逗他会看前面。 2. 随后老师带小朋友坐草地，眯眼睛摸草坪，PX 不愿意闭眼睛，杨老师拉着 PX 双手教他摸草地。 3. 然后老师带小朋友玩"老狼老狼几点钟的游戏，PX 坐在旁边看。杨老师引导他一起去，PX 对游戏规则不明白，游戏节奏不能跟上。玩了一次后坐回凳子看。	家里建议多玩感觉类游戏，如追跑游戏、抚触类游戏，多给他感觉刺激。 家里准备一个感统垫，吃饭、看电视、玩游戏等都在上面进行（也可以要求盘腿坐在上面）有助于提高儿童核心肌群力量。 从户外活动来看，儿童可能仍存在整体的感知觉失调，游戏的能力有待加强！ 后期会重点关注一下！

（续表）

时间及活动	表现	评价/建议
10:10－11:00 学习	1. 今天学习内容为唐诗《蜂》，学习形式是全文文字展示，老师第一句，小朋友看一句，然后小朋友看着字读5遍后背出来。在坐下后PX突然起身走，杨老师拉他回来他不愿意坐。杨老师说"PX要去哪？"PX指指红色凳子。杨老师说"要红凳子"并辅助他搬红凳子，PX就能马上坐好，很棒。"杨老师反馈："PX可以说要什么。"上课时，PX对古诗不理解，但能在辅助下一直坐好，在读和背的过程中，杨老师拉着他的小手边念边拍他的小腿打节拍，PX能认真听。 2. 其间PX想上厕所会回头告诉杨老师"尿尿"，杨老师带他去。PX可以自己完成上厕所，洗手，洗手过程中有一些热，PX就缩手不洗。杨老师说"烫"，并辅助他调节水龙头并拉着他手试水温，说"舒服了"，PX会笑并自己继续洗手。 3. 在上课中，PX有两次爬地上（因为上课时间较久，PX需要感知觉刺激），杨老师立即扶起他并数数，拉着他的手在他腿上打节拍，PX可以立刻安静坐好。	PX对数字、节奏都较敏感，在注意力分散和有行为问题时，可以采取数数字，拉他手拍节奏的方式减少行为问题。

（续表）

时间及活动	表现	评价/建议
11:00－11:30 午餐	1. 今天午餐是肉末和蓬蒿菜，PX 可以坐好，一开始想拿碗里菜扔给小朋友。当他刚刚伸手杨老师把他手拿回来，并说吃一口饭，PX 张大嘴巴吃了第一口后，没有再做扔菜动作😊。杨老师请他自己吃 PX 摇头。杨老师喂，他可以嘴巴张大，PX 吃一口杨老师以儿歌数数"12345，PX 第一口"，以此类推，PX 吃得很快。15 分钟菜和饭全部吃完😊。汤是蛋花汤，因为过敏所以没喝。 2. 午餐后 PX 自己选择了木质珠子玩具，能安静地坐自己玩，杨老师引导他"3 颗"，示范一次 PX 可以自己三颗三颗拨；杨老师用手指做 1－10，PX 很有兴趣，当加快数和做手势时，PX 会笑并跟着数了 6。自己用手指试图做数字。 3. 11 点半，杨老师送 PX 回家，PX 在小区很想玩，但因时间原因，外公领回家睡觉。	在家练习自己吃饭，上菜和饭时先撤出他不喜爱的，吃起来后再慢慢加入其他菜。

（续表）

时间及活动	表现	评价/建议
今日总结：	（老师根据孩子情况详略得当即可）	
优点：	PX很努力完成幼儿园每一个环节，没有捣乱和挑衅行为。	
再接再厉：	吃饭，吃点心要尝试自己吃，自己的水杯要认准。	
家中配合点：	放学后建议家里带PX在小区玩一会儿放松，幼儿园里坐着的时间比较多，可以带他多跑跑跳跳，如果语言表达要鼓励和满足他的需求。	
	鼓励他在家用说表达自己要什么，去哪里，他会指和简单说，	

四、社交技能检核表

学生姓名：　　　　　　出生年月：　　　　　　性别：　　　　　　家长联系方式：

上海游语教育社交心智检核表

第一部分：社会游戏与情感发展（同伴交往）

初级游戏行为			
能保持在半米内与同龄人接近。			
能在 1 米范围内观察同伴。			
能在同伴身边用相同或相似的材料玩耍（例如：在同样玩积木的同龄人旁边搭积木玩）。			
能模仿同伴（行为或语言）。			
轮流玩简单的游戏（例如：来回滚动球）。			
中级游戏行为			
与其他孩子一同玩耍（例如：分享玩具以及谈论游戏活动，即使与其他孩子的游戏项目不尽相同）。			
响应来自同伴的互动（例如：接过来自同伴的玩具；回答问题）。			

（续表）

回应并开始问候同伴（例如：挥手或说"你好"）。				
会以合理的方式与他人一起参加入某项活动中（例如：将玩具递给同伴，观察游戏并要求加入）。				
邀请其他人一同玩耍。				
轮流玩耍有关结构性的游戏/活动（例如：棋盘游戏等）。				
同同龄人要玩具，食物或材料。				
高级游戏行为				
与同龄人合作玩耍（例如：在戏剧游戏中扮演角色，指导游戏，并按规则玩游戏）。				
会向同伴描述他/她所玩的游戏（例如"我正在做一个高塔"）。				
提出对游戏的计划及建议以组织游戏（例如：让我们做一个火车轨道然后开动火车）。				
听从另一个同伴的游戏点子。				
在非结构化活动中轮流玩耍（例如：使用用有限的玩具/材料在戏剧游戏中扮演角色）。				
将玩具，食物和材料让给同伴。				
给同伴提供玩具，食物和材料。				

（续表）

第二部分：情绪管理		
理解情绪		
能分辨喜欢或不喜欢。		
能辨别自身情绪。		
能命名自身情绪。		
能辨别他人的情绪。		
能命名他人情绪。		
一旦识别或确定某种情绪会对此进行说明。（例如：如果一个女孩哭了，孩子会解释说她哭是因为摔跤摔疼了。）		
向同伴表达喜爱之情（例如：给同伴一个拥抱）。		
向同伴表示同情（例如：如果同伴的玩具坏了，孩子会为他感到难过）。		
对他人表现出积极的行为。		
对自己表现出积极的行为。		
表现出强烈的恐惧(例如：孩子可能不愿接近狗狗，当狗狗靠近的时候会变得焦虑)。		
用声音的语调传达信息(例如：当孩子伤心的时候声音会很轻微；会使用坚定的声音说"停下")。		

融合教育实践指南——影子老师操作手册

（续表）

自我调节			
当他/她感到烦恼或不安时,会接受他人的安抚(例如:允许着护人给他们一个拥抱或同伴轻拍他们的背部)。			
当紧张或不安的时候会进行自我调节。			
当情绪过度激动时会进行自我调节(例如:数到十或者绕着场地跑步来释放情绪)。			
以正当的方式来表达愤怒或沮丧(例如:说明他们的焦虑或请求休息一下)。			
以正当的方式来处理被嘲弄的情况(例如:忽视、走开、告诉家长)。			
应对被团体排除在外的情况。			
当烦躁时会要求"休息"或者全部完成。			
以平常心对待在比赛或活动中不是第一名这件事。			
他/她会以合理的方式对不想做的事情说"不"。			
以平常心(不烦躁,不生气)对待在游戏中的失败。			
以恰当的方式对待胜利(例如:孩子会说"可能下一次会赢"或者祝贺获胜者)。			
接受别人对他/她说"不",不烦躁/不生气。			
会说"我不知道"。			
灵活性。			

（续表）

以平常心对待犯错，不烦躁/不生气。			
会接受自身行为的结果，不烦躁/不生气。			
当作感兴趣的事情时会忽视周边的人和环境。			
接受不可预知的变化。			
接受常规的变化。			
遇到困难时不轻言放弃，继续尝试。			
解决问题			
声明并维护所有权。			
识别/定义问题。			
提出解决方案（例如：如果橙汁洒了，孩子会建议拿块抹布清理干净）。			
通过谈判或妥协来解决问题。			

（续表）

第三部分：团队技能					
●寻求帮助					
向大人寻求帮助。					
向同伴寻求帮助。					
给予同伴帮助。					
●融入集体					
当另一个孩子在场时会给予其回应并加入。					
当有多个其他孩子在场时会给予他们回应并加入。					
使用恰当的行为吸引注意力（例如：叫名字、拍肩膀）					
●跟随集体					
与集体有持续联系。					
遵循集体规则。					
听从指挥					
当被要求进行下一个活动时会遵循					
接受突然或突然的变动					

（续表）

第四部分：沟通技能		
谈话技能		
围绕一个特定主题开展对话（例如：和同伴说"猜猜我昨天干什么了？"）。		
在合适的时机开展对话。（例如：在课间休息而不是安静的上课时间）。		
会提问"是什么""是谁""在哪里"此类的问题来获取信息。（例如：孩子会问"我的鞋子在哪里？"或"那个女孩是谁？"）		
回答"是什么""是谁""在哪里"此类的问题。		
当话题转变时会以恰当的方式回应（例如：如果同伴将话题从滑雪变到游泳，孩子会跟着谈论新的话题）。		
在谈话中对相关的话题会做各种评论（例如：如果一个朋友说"我有一个蓝色的玩具卡车。"孩子会回应说："我有一个绿色的玩具卡车。"）。		
会提问来获取更多信息。		
会和陌生人做自我介绍。		
会向别人介绍其他人。		
展现传达信息和寻求更多信息之间的区别		
非语言的沟通技能		

（续表）

	内容		
	在和同伴对话中保持适当的社交距离（例如：不要站得太近或触摸对方）。		
	说话时要面向谈话对象。		
	保持恰当的眼神接触。		
	使用适当的音量。		
	会注意他人非言语性的语言，并了解什么是沟通（例如：如果有人摇头代表"不"，点头则代表"是"）。		
	会等候时机加入他人谈话（例如：等到其他人准备开始说话之前的某个停顿）。		
	恰当地加入对话（例如："猜猜发生了什么"或"你们知道我刚刚做什么了吗"）。		
	恰当地结束对话（例如：当聊天结束会说："我该走了"或"一会儿见"）。		
问题	回答"是/否"的问题。		
	回答简单的社会问题（例如：姓名，年龄，发色，住址）。		
	回答主观问题，例如："你喜欢吃/喝什么"或者"你最喜欢的颜色/电视节目是什么"。		
	回答"是什么""是谁""在哪里"此类的简单问题（例如：那个球是什么颜色？你的鞋子在哪里？）		
	会提问以获取更多信息。		
	会对已经发生的事情进行提问（例如：你中午吃了什么？你去哪度假了？）		

（续表）

持续一个话题，并对与主题相关的内容进行评论或提问。				
懂得在适当的时机说"请"和"谢谢"。				
赞　美				
对同伴进行赞美。				
以恰当的方式接受赞美（例如：谢谢，答谢）。				

评估总体建议：

希望得到的支持是：　　社交小组课；　　　　心智力课程 1 对 1；

影子老师支持；　　　言语语言沟通 1 对 1

家长签字：

日期：

五、随班就读学生审批文件（以上海市长宁区为例）

随班就读学生审批业务手册

1. 适用范围

本业务手册规定随班就读学生审批的审批基础，以及审批咨询、审批办理和监督检查的各项工作程序和作业要求。

本业务手册适用于本区公办、民办普通中小学。

2. 审批基础

2.1 事项名称与代码

随班就读学生审批，代码：5039

2.2 办理依据

根据《中华人民共和国残疾人教育条例》中第十六条规定:"县级人民政府教育行政部门和卫生行政部门应当组织开展适龄残疾儿童、少年的就学咨询,对其残疾状况进行鉴定,并对其接受教育的形式提出意见。"

根据《上海市教委关于加强随班就读工作管理若干意见》规定:"随班就读对象的确定应严格执行残疾标准(参照第二次全国残疾人抽样调查《残疾标准》),必须根据残联部门指定的残疾鉴定医疗机构的鉴定结论,由家长向学校提出申请,学校应将学生情况、家长申请及学校拟办意见在每年 7 月 31 日前上报区县教育行政部门,区县教育行政部门应组织专家对学生情况、家长申请及学校意见进行审核,如果学生情况符合残疾标准可同意其作为随班就读学生,取得随班就读学籍,如果学生情况不符合残疾标准则不能作为随班就读学生,学校应根据区县教育行政部门的意见做好学生的安置工作,并将结果及时反馈给家长。"

2.3 办理机构

办理机构名称及权限:上海市长宁区教育局

审批内容:随班就读学生审批

法律效力:依规定办理随班就读学生审批

审批对象:随班就读学生

2.4 审批数量

无具体数量限制

2.5 专业规划

无

2.6 审批人员

办理人员和监督检查人员应具有相应法律知识和专业知识,熟悉《上海市教委关于加强随班就读工作管理若干意见》等相关法律法规及文件规定。

2.7 审批条件

（一）新办（"随班就读"对象首次确定）

在普通学校普通班级就读的学生如果符合第二次全国残疾人抽样调查《残疾标准》中所规定的视力残疾、听力残疾、智力残疾、肢体残疾和精神残疾等五类中的相应标准，学习跟不上全班的进度，学业水平明显落后于班级其他学生，可以申请随班就读。

视力残疾主要指低视力、听力残疾主要指重听，智力残疾主要指轻度智力障碍，原则上盲、聋与中重度智力障碍建议去相应的特殊学校就读。低视力、重听、轻度智力障碍其鉴定标准如下：

(1) 低视力：优眼的最佳矫正视力等于或优于 0.05 而低于 0.3 的儿童少年。

(2) 重听：平均听力损失为 41—70 分贝以及听力损失在 70 以上，但经过听力语言训练已经具有一定语言能力的儿童少年。

(3) 轻度智力障碍：在智力发育期间（18 岁之前），由于各种有害因素导致精神发育不全或智力迟缓，智商（韦氏儿童智力量表）在 50—69 范围，社会适应行为低于一般水平的儿童少年。

另外，自闭症属于精神残疾，脑瘫属于肢体残疾，符合《残疾标准》，也可以申请随班就读。

申请好"随班就读"后，随班就读学校按照区特殊教育指导中心的要求对随班就读学生进行教育和管理，制定并实施好个别化教育计划，通知好家长做好每两年一次的复测工作（复测地点仍为上海市残联指定的鉴定机构），如随班就读学生情况好转，不再符合残疾标准，即认定为普通学生，可以申请撤销随班就读学籍。

小学五年级和初中学生原则上一般不再新申请随班就读，除已具有残疾证之外。

（二）撤销

随班就读学生一般两年进行一次复测,区县教育行政部门应组织专家对复测结果进行审核,如果学生的残障情况有所好转已不符合残疾标准,应视为普通学生,不再确定其随班就读学生的学籍。

随班就读学生的残障情况仍然符合残疾标准,应继续视为随班就读学生,保留随班就读学籍。

2.8 审批决定的附加规定

无

2.9 审批证件

无

2.10 审批期限

(一)新办("随班就读"对象首次确定)

申请期限:每年 5 月 15 日前

受理期限:当场受理

办理期限:每年 9 月 1 日前,告知审批结果

(二)撤销

申请期限:每年 4 月 30 日前

受理期限:当场受理

办理期限:每年 6 月 30 日前,告知审批结果

2.11 审批服务

本局提供的审批服务有:

(1)咨询服务。可通过电话咨询(咨询电话:52402586 转 851)、现场咨询(虹古路 422 号特殊教育指导中心二楼办公室)等方式在接待时间进行咨询,相关职能部门工作人员将就各种疑问予以详细解答。

(2)材料审核。申请人递交的各类申请材料,审批人员审核后予以答复并提出修改意见。

2.12 监督检查

根据《上海市教委关于加强随班就读工作管理若干意见》等相关法律法规,加强对区域内随班就读工作的日常监督管理,发现不规范行为,依法予以处理。

2.13 审批收费

本审批事项不收费。申请或撤销所需要的医学检查可由特教中心统一组织安排。

3. 审批咨询

3.1 业务描述

解答申请人在办理审批事项中的各种相关问题。

3.2 咨询岗位的职责和权限

依法回答审批事项中申请者的所有问题。

3.3 咨询途径

咨询地点:虹古路 422 号特殊教育指导中心二楼办公室

咨询电话:52402586 转 851

咨询时间:周二——周六 8:30 - 11:00、13:00 - 16:00

3.4 咨询工作程序

接待登记——提出问题——当场回答。

3.5 咨询资料库

尚未建立行政审批咨询库,但是已订立《随班就读学生审批办事指南》

3.6 咨询文书

无

3.7 反馈期限

当场答复。

4. 审批办理

4.1 新办("随班就读"对象首次确定)

4.1.1 业务描述

随班就读学生审批核准。

4.1.2 一般程序

4.1.2.1 申请

(1) 申请人条件:残障学生(除了低视力、重听、肢体残疾、自闭症等存在明显残障的学生以外),一般从小学三年级开始申请"随班就读"。小学五年级和初中学生原则上一般不再新申请随班就读,除已具有残疾证之外。申请时间为每年 5 月 15 日前,取得随班就读学籍时间为每年 9 月 1 日。

(2) 申请材料:①家长书面申请;②智商及社会适应鉴定报告;③长宁区随班就读学籍申请及审批表。

(3) 行政审批申请材料目录

序号	提交材料名称	原件/复印件	份数	纸质/电子文件	要求
1	家长书面申请	原件	1	纸质	
2	智商及社会适应鉴定报告	原件	1	纸质	
3	长宁区随班就读学籍申请及审批表	原件	1	纸质	

(4) 申请人可现场提交申请材料。

受理时间:每年 5 月 15 日前。

地点:材料直接递交所就读学校,由学校统一递交给区特教指导中心。

联系电话:52402586 转 851(区特教指导中心)、各校联系电话。

4.1.2.2 受理

受理人以申请材料形式标准和《申请材料目录》为依据,对申请材料进行审核,材料不全一次性告知申请人并提出补正要求。自全部材料收齐之日起,进入正式办理流程。

4.1.2.3 审查与决定

(1)经家长或教师发现疑似有特殊需要的学生,由家长提交书面申请,并由家长带孩子到上海市残联指定的评估机构对学生进行智商和社会适应水平的鉴定。

(2)5月15日前,由学校统一整理收齐相关材料,递交给区特教指导中心。材料包括:家长书面申请、智商及社会适应鉴定报告、长宁区随班就读学籍申请及审批表。

(3)5月15日至6月30日,区特教指导中心邀请来自教育管理、特殊教育、普通教育、医学、康复、心理等专家及家长代表组成残疾儿童入学鉴定委员会,对申请随班就读的学生进行现场鉴定,通过与学生家长或班主任及学生本人的沟通,了解学生在医学、教育方面、社会方面的相关情况,完成前期资料的收集。具体开展时间由中心书面通知告知各学校。

(4)7月1日至7月31日期间,区特教指导中心将专家鉴定委员会讨论决定提交教育行政部门审批。

(5)9月1日前,区特教指导中心告知学校、家长审批结果。

4.1.3 当场决定

本项不作当场决定。

4.1.4 特殊通道(绿色通道)

本项审批不设特殊通道。

4.1.5 并联审批

本项审批不作并联审批。

4.2 撤销

4.2.1 业务描述

申请撤销随班就读学籍的审批。

4.2.2 一般程序

4.2.2.1 申请

（1）申请人条件：随班就读学生情况好转，经上海市残联指定的评估机构对学生进行鉴定后，不再符合残疾标准，即认定为普通学生，可以申请撤销随班就读学籍。

（2）申请材料：①家长书面申请；②智商及社会适应的复测报告；③长宁区随班就读学籍撤销及审批表；④学生随班就读期间的成绩汇总表；⑤上一学期期末语文、数学、英语试卷（原件或复印件）。

（3）行政审批申请材料目录

序号	提交材料名称	原件/复印件	份数	纸质/电子文件	要求
1	家长书面申请	原件	1	纸质	
2	智商及社会适应的复测报告	原件	1	纸质	
3	长宁区随班就读学籍撤销及审批表	原件	1	纸质	
4	学生随班就读期间的成绩汇总表	原件	1	纸质	
5	上一学期期末语文、数学、英语试卷（原件或复印件）	原件或复印件	1	纸质	

（4）申请人可现场提交申请材料。

受理时间：每年4月30日前。

地点：材料直接递交所就读学校，由学校统一递交给区特教指导中心。

联系电话：52402586 转 851（区特教指导中心）、各校联系电话。

4.2.2.2 受理

受理人以申请材料形式标准和《申请材料目录》为依据，对申请材料进行审核，材料不全一次性告知申请人并提出补正要求。自全部材料收齐之日起，进入正式办理流程。

4.2.2.3 审查与决定

（1）家长向学校提出书面申请，由家长带孩子到上海市残联指定的评估机构对学生进行智商和社会适应水平的鉴定。

（2）4 月 30 日前，学校向区特教指导中心上报。上报时递交以下材料：家长书面申请、智商及社会适应的复测报告、长宁区随班就读学籍撤销及审批表、学生随班就读期间的成绩汇总表、上一学期期末语文、数学、英语试卷（原件或复印件）。

（3）5 月 1 日至 5 月 30 日期间，区特教指导中心将邀请来自教育管理、特殊教育、普通教育、医学、康复、心理等专家及家长代表组成残疾儿童入学鉴定委员会，对申请随班就读的学生进行现场鉴定，通过与学生家长或班主任及学生本人的沟通，了解学生在医学、教育方面、社会方面的相关情况，完成前期资料的收集。具体开展时间由中心书面通知告知各学校。

（4）6 月 20 日前，区特教指导中心将专家鉴定委员会讨论决定提交教育行政部门审批。

（5）6 月 30 日前，区特教指导中心告知学校、家长审批结果。

4.2.3 当场决定

本项不作当场决定。

4.2.4 特殊通道（绿色通道）

本项审批不设特殊通道。

4.2.5 并联审批

本项审批不作并联审批。

5. 监督检查

5.1 日常监督

根据《上海市教委关于加强随班就读工作管理若干意见》等相关法律法规,加强对区域内随班就读工作的日常监督管理,发现不规范行为,依法予以处理。

随班就读学校需要定期接受区特教中心组织的中小学随班就读1+1+X教学视导、普通中小学随班就读学生个别辅导专项检查和普通学校资源教室建设与运作的专项检查、普通中小学随班就读学生参加区特殊课程的专项检查和中小幼融合教育转衔服务工作专项检查,规范完善学校随班就读日常管理和资源教室建设,确保随班就读学生享有适切、优质的特殊教育支持。

5.2 投诉举报处理

监督投诉电话:22050723。

长宁区随班就读学籍申请及审批表

年　　　月　　　日

学生姓名		性别		民族		出生日期	
就读学校				年级			
父亲姓名		文化程度		工作单位			
母亲姓名		文化程度		工作单位			
家庭地址				邮编		联系电话	
申请说明及审批情况							

（续表）

家长申请（说明申请的理由）
家长签名：
学校意见（说明学生的学业情况，同伴关系，学习习惯等）   学校盖章：
特殊教育指导中心意见： 经过对申报材料的核实，(同意/不同意)同学的随班就读学籍申请，安排该生在现就读学校(年级)进行随班就读。   中心盖章：

备注：相关材料见附页。

长宁区随班就读学籍撤销及审批表

年　　　月　　　日

学生姓名		性别		民族		出生日期	
就读学校		年级		随读时间			
家庭地址				邮编		联系电话	
撤销申请及审批情况							

（续表）

家长申请（说明要求撤销的理由）
     家长签名：
学校意见（说明学生的学业情况,同伴关系,学习习惯等）   学校盖章：
特殊教育指导中心意见： 　　经过对申报材料的核实,（同意/不同意）同学撤销随班就读学籍。   中心盖章：

备注:相关材料见附页。

长宁区随班就读学生学业成绩汇总表

填表日期：　　　年　　　月　　　日

学生姓名		学校				
就读年级		随读时间				
学年/学期		期中成绩			期终成绩		
		语文	数学	英语	语文	数学	英语

（续表）

六、资源推荐（网络资源、影片、绘本、APP）

1. 国内网站

（1）典型儿童发展的里程碑信息。

教育部《0-6岁儿童发展的里程碑》在线阅读：

http：//www.cnsece.com/article/1142.html

（2）入学信息：

各阶段特殊学校列表和链接：http：//www.spe.edu.sh.cn/fengcai.aspx

（3）教师教学相关网站：

自闭症学生辅导手册：http：//r2.ntue.edu.tw/imgr20400/pdf/r2040207.pdf

自闭谱系障碍儿童的结构式教学：

http：//www.doc88.com/p-0157335140613.html

经过实证证明有效的教学方法：

"What works Clearinghouse"（https：//ies.ed.gov/ncee/wwc）

（4）其他。

游语教育：http：//www.yyrhq.com

上海特教之窗：http：//shsedu.sherc.net/main/default.aspx

上海特教在线：http：//www.spe.edu.sh.cn/

上海特殊教育资源中心：http：//shserc.sherc.net/Web/Default.aspx

中国残疾人联合会：http：// www.cdpf.org.cn

2. 国外网站

自闭症之声：www.autismspeaks.org/

IDEA 数据中心：https://ideadata.org/

美国国家自闭症中心：http://www.nationalautismcenter.org/

美国自闭症研究国际协会（INSAR）：http://www.autism-insar.org/

3. 影片推荐

雨人 Rain Man (1988)

导演：巴瑞·莱文森
编剧：罗纳德·巴斯 / 巴里·莫罗
主演：达斯汀·霍夫曼 / 汤姆·克鲁斯 / 瓦莱丽亚·戈利诺 / 邦尼·亨特
类型：剧情
制片国家/地区：美国
语言：英语 / 意大利语
上映日期：1988-12-16(美国)
片长：133分钟
又名：手足情未了 / 手足情深

豆瓣评分

8.6 ★★★★☆ 227145人评价

5星 43.6%
4星 45.6%
3星 10.3%
2星 0.5%
1星 0.1%

好于 92% 剧情片

剧情简介：

查理(汤姆·克鲁斯 Tom Cruise 饰)父亲去世,留下了 300 万美元的遗产。然而令他意外的是,遗产全部给了一个他不认识的哥哥雷蒙(达斯汀·霍夫曼 Dustin Hoffman 饰)。雷蒙的名字查理从没听过,这个事件让他气愤不已。他决定前去寻找哥哥。谁知雷蒙的住处就在一个精神病院里,原来他自幼患有自闭症,母亲去世后就被送到精神病院治疗。查理心中有了算计,他把雷蒙带出精神病院,企图骗他出让遗产。

雷蒙的生活习惯奇异,活在自己的幻想世界里,有很多离奇古怪的行为。并且,查理在共处中发现了雷蒙惊人的记忆能力,他试着利用哥哥过目不忘的本领去赌场上试一下身手,赢得了一大笔奖金,使查理足以摆脱穷困生活。而令查理收获更大的是,他还获得了慢慢升温的亲情,这种手足情远远胜过了他原先图谋的 300 万的遗产。

自闭历程 Temple Grandin (2010)

导演: 米克·杰克逊
编剧: Merritt Johnson / Christopher Monger
主演: 克莱尔·丹妮丝 / 朱莉娅·奥蒙德 / 凯瑟琳·欧哈拉 / 大卫·斯特雷泽恩 / Barry Tubb / 更多...
类型: 剧情 / 传记
官方网站: www.hbo.com/movies/temple-grandin
制片国家/地区: 美国
语言: 英语
上映日期: 2010-02-06
片长: 107分钟
又名: 星星的孩子(台) / 坦普尔·葛兰汀 / 天宝·葛兰汀 / Temple Grandin：在图像中思考 / 唐普尔·格兰丁 / 自闭人生
……

豆瓣评分

8.8 ★★★★☆
42915人评价

5星	51.6%
4星	39.7%
3星	8.0%
2星	0.6%
1星	0.1%

好于 96% 传记片
好于 96% 剧情片

剧情简介:

本片根据自幼患有自闭症的美国动物科学家、畜牧学博士——天宝·葛兰汀(克莱尔·丹尼斯 Claire Danes 饰)的个人自传改编而成,讲述天宝与众不同的成长经历。

天宝四岁时被医生诊断为自闭症,母亲尝试多种方法让天宝开口说话。为了让天宝拥有正常人的生活,妈妈忍痛送她去一间寄宿学校念书。在这里,天宝认识了开启她天赋大门的恩师卡洛克博士。在恩师的帮助下,天宝顺利考入了大学。临上大学前的暑假,天宝来到姨妈家的农场度假。自此,天宝对牲畜产生了浓厚的兴趣。在大学里天宝制作"挤压机器"来平复紧张情绪。毕业后,天宝继续从事畜牧业的研究学习,设计出大大提高屠宰率且更为人道的屠宰方式。天宝以她独有的方式去认知世界,"像牲畜一样的思考",在自闭症研讨会上大声的讲出自己的亲身经历……

与光同行 光とともに...~自閉症児を抱えて~ (2004)

导演: 佐藤东弥 / 佐久间纪佳
编剧: 水桥文美江
主演: 篠原涼子 / 小林聪美 / 山口达也 / 武田真治 / 铃木杏树 / 更多...
类型: **剧情 / 家庭 / 儿童**
官方网站: http://www.ntv.co.jp/hikari
制片国家/地区: **日本**
语言: **日语**
首播: **2004-04-14**
集数: **11**
单集片长: **90分钟**
又名: 闭症儿

更新描述或海报

豆瓣评分
8.8 ★★★★☆
437人评价

5星 54.7%
4星 35.0%
3星 8.8%
2星 1.3%
1星 0.3%

剧情简介:

迎接新生儿本是件令人欣喜的事,然而诞生在东家的第一个小生命却是个无法与外界正常沟通的自闭儿。原来温馨的小家庭因为这个孩子,开始出现嫌隙。身为自闭儿——小光的母亲,幸子付出更多关怀与照顾;虽然充满辛酸血泪,但小光逐渐成长。透过不同的疗育方式,小光以自己的步调理解这个世界。有不和善的人,但更多的是宽容友爱的双手。对於未来,小光的爸爸妈妈不奢求,只希望小光能成长为一个开朗、有精神、有用的大人!

自闭症少年的内心世界 君が僕の息子について教えてくれたこと

导演: NHK
编剧: NHK
主演: 东田直树 / 大卫·米切尔
类型: 纪录片
官方网站: http://www.nhk.or.jp/school-blog/300/194424.html
制片国家/地区: **日本**
语言: **日语**
上映日期: **2014-08-16**
片长: **58分钟**
又名: 你让我明白了儿子的那些事

更新描述或海报

豆瓣评分
9.1 ★★★★☆
465人评价

5星 61.6%
4星 31.2%
3星 6.6%
2星 0.6%
1星 0.0%

地平线系列：认识自闭症 Horizon: Living with Autism (2014)

主演: Uta Frith
类型: 纪录片
官方网站: http://www.bbc.co.uk/programmes/b0404861
制片国家/地区: 英国
语言: 英语
上映日期: 2014-04-01(英国)
片长: 60分钟
又名: 打開自閉的天空(港)

更新描述或海报

豆瓣评分

8.0 ★★★★☆
148人评价

5星	29.5%
4星	47.6%
3星	19.0%
2星	1.9%
1星	1.9%

剧情简介：

20世纪60年代,发展心理学教授乌塔·弗里斯(Uta Frith)开始训练时,她遇到了一群漂亮、眼睛明亮的孩子,但他们似乎与世界完全脱节。原来他们被诊断为自闭症。Uta热切地想要了解更多关于这些孩子的事情,他们激励着她用自己的余生来研究自闭症。这部电影揭示了Uta对自闭症人士的终生研究是如何改变我们对自闭症的理解。在这部电影中,Uta展示了自闭症人士如何感知世界并与周围环境互动,以及对他们来说,另一种现实是如何存在的。她遇到了有非凡天赋的自闭症人士,并解释了为什么他们常常听不懂笑话。她还探讨了我们中的许多人是否会有一点自闭症。

海洋天堂 (2010)

导演: 薛晓路
编剧: 薛晓路
主演: 李连杰 / 文章 / 桂纶镁 / 朱媛媛 / 董勇 / 更多...
类型: 剧情
制片国家/地区: 中国大陆 / 香港
语言: 汉语普通话
上映日期: 2010-06-18(中国大陆)
片长: 106分钟
又名: Ocean Heaven
IMDb链接: tt1482852

豆瓣评分

7.9 ★★★★☆
100460人评价

5星	23.3%
4星	49.1%
3星	25.0%
2星	2.1%
1星	0.4%

好于 69% 剧情片

剧情简介：

刚过 21 岁生日的大福（文章 饰）是个孤独症患者，父亲王心诚（李连杰 饰）在妻子去世后，一个人将大福养大，如今王心诚身患肝癌，自感时日无多，虽然楼下开小卖店的柴姨（朱媛媛 饰）时常给这对父子无私的帮助，但如何安置大福的未来还是王心诚放不下的牵挂，他甚至有了和儿子一同赴死的想法。王心诚试图将大福送回培智学校，但是学校、福利院一连串的拒绝令他倍感失落。而且在大福的世界里，水是他最好的朋友，这个能像海豚一样畅游的孤独症患者也无法离开水族馆，在水族馆，大福结识了善良的杂技女子玲玲（桂纶镁 饰），而王心诚急于教会大福生存的技巧，他的时间已经不多了……

4. 绘本推荐

幼幼成长图画书：非常适合小龄宝宝看的一套书，画出了每个活动的过程，比如穿衣是怎么穿的。

《噼里啪啦》系列：这是一套立体书，阅读的同时满足宝宝翻翻看的趣味。

《洞洞书》：一套互动的书，整个书每一页都有一个洞洞，这个洞洞同时又是许多不同的物体。

《捉迷藏》低幼认知翻翻书系列：每一页都有一个小动物藏了起来，但是总会有一部分露出来，小宝宝赶快找出来吧。

《水墨宝宝视觉启蒙绘本》：展现中国传统水墨风格画的同时，绘本内容也很简单，语言简短，适合孩子视觉练习、语言学习。

《晚安，大猩猩》：有配套视频，这本书暗含了很多细节，比如每个动物都有自己不一样的玩具，没把钥匙和门的颜色一致，贯穿始终的小老鼠这条线，还有大猩猩为什么回去管理员家睡觉？可以带着孩子细细观察。

《肚子好饿的毛毛虫》：有配套视频，精装版的书上有洞洞，让孩子模仿毛毛虫从一页爬到另一页。

《这样的尾巴可以做什么？》：这是一本没有具体故事情节的书，然而以提问的方式带出各种动物身体不同部位对于他们的独特功能，是一本极好的科普认知图书。

《生气的亚瑟》《菲菲生气了》《我变成一只喷火龙了》《床底下的怪物》《我好担心》《讨厌黑夜的席奶奶》：可以引导小朋友学习面对并抒发脾气与情绪的绘本。

《小老鼠无字书》《手电筒看见了什么》：无字书，可引导孩子关注画面。

《真正的朋友》：阿斯伯格综合征的社交经典绘本。

《我爱洗澡》：以温暖的黄色为主色调，把一个热气腾腾的浴室展现在大家面前，仿佛斑斓的泡沫和温热的水汽正扑面而来。一个充满了欢笑和想象力的故事，让孩子爱上洗澡。

《妈妈，买绿豆！》：书中的妈妈和孩子一起去买绿豆、一起煮绿豆、一起做绿豆冰棒，然后在炎炎夏日的午后，一起吃下又甜又冰的绿豆冰棒，从容而自在。

《夏天的天空》：变幻莫测的白云引发了孩子们无边的想象力，从模糊的云的形状中看出各种各样的动物、船只、火车以及武士等。整本书没有任何文字描述，只是用栩栩如生的图画描绘着孩子的梦想。

《魔法的夏天》：描绘暑假期间的种种有趣活动。

《不会游泳的青蛙》：语言互动性非常强。小读者需要在书里扮演一个对话者的角色，和书里的小青蛙进行沟通，让情节发展下去，直至故事结束。

《小威利敢游泳了》：通过小威利学游泳的故事，鼓励孩子敢于尝试和挑战，帮助孩子建立自信心。

《母鸡萝丝去散步》：它的文字与画面形成一种非常滑稽的对比：文

字讲述的是母鸡萝丝去散步的平淡无奇的故事,而图画则还讲述了狐狸追逐猎物却屡屡受挫的故事。作品色彩明媚,故事幽默、简单流畅,总是贴近孩子们的角度认真面对他们的问题。

《不一样的卡梅拉》:这套书的特点是那种小口袋式的,小 32 开,轻松、便携。每册文字大致在 1500—2000 字左右,阅读这套书,起步阅读的孩子很容易独立自主地从中获得自我的乐趣和完成全篇的成就感。

《青蛙弗洛格的成长故事》:每个故事都自然流露出某种重要的主题,充满了想象力。文字透着生动和浅浅的幽默,图画则是鲜有的简笔画风格。

《大卫,不可以》:以小男孩大卫为主角绘制了一系列绘本。除了用大量的篇幅描写大卫的调皮行为外,在收尾之处也总是有贴心的安排,让大人与小孩儿都觉得温暖。陪伴孩子阅读的爸爸妈妈,不妨借此机会也给孩子一个大大的拥抱吧!

《鳄鱼怕怕 牙医怕怕》讲的是一场鳄鱼和牙医之间的心理较量,用简单、反复的语句刻画了鳄鱼和牙医每时每刻戏剧性的心理变化。是一种快乐的略带讽刺意味的生活教育。

5. APP 推荐

协康会—儿童情境学习:辑录了一系列程序故事和社交故事,盼望透过成人的教导,孩子能更快学会环境中的新事物,使其能轻松愉快地投入在不同的活动中。

亲子互动游戏大全:提供线上最丰富最齐全的亲子游戏教程,满足宝贝多元智能开发的需求,促进亲子和谐发展,增进亲子情感联系。有数学、识字、国学、音乐、故事、拼图等多种游戏形式。

Dr. Panda 超市:是一款休闲游戏,孩子们将通过寓教于乐的超市主题的迷你游戏熟悉超市运作并培养货币意识。

Dr. Panda 果蔬园:是一款休闲游戏,让孩子们了解盘中的水果和蔬菜是如何栽培和收获的,同时还会让孩子们熟悉番茄、玉米、小麦和柑橘等许多水果和蔬菜的栽培步骤。

看动物,听声音:收集了十来个小动物,点击小动物,小动物会发出叫声,可以教宝宝来认识动物。

少儿馆:本套系列谜语是针对0~10岁这个年龄段的宝宝了解生活中常见事物,加深对生活认识的需要而精心编制的。包括《形状篇》《水果蔬菜篇》《汉字》《动物篇》《生活用品篇》《交通工具篇》《食物篇》等7部。

思维导图:可以制作思维导图的软件,在手机上即可轻松使用。

辅助写字的免费 APP;语文配套收费的 APP。

跟我学写汉字　　　　纳米盒

七、游语影子老师个案分享

1. 与小白共同渡过的影子老师日子丨心得：适性而教

游语影子老师　张老师

第一次见到小白之前,妈妈和接触过他的老师给张老师打的预防针是"吃软不吃硬",见到真人后发现,小白是一个看上去有点"冷淡"的小男生,进到教室直接走到自己的座位上,跟张老师打招呼也是在提示下才淡淡地说了句"张老师好",但经过一个学期的相处后发现,小白更像是"心有万千沟壑,不过一声无言",且让我们一起来看一看他如何从"无言"变为"有言"吧!

1) 对影子老师

初相见

两个陌生人初见,最能拉近距离的方式自然是交流对方的兴趣爱好,所以张老师在见面之前作了充足的准备功课,从植物大战僵尸入手,吸引小白的兴趣,增加其表达的欲望,自然而然就拉近了彼此的距离。

近相识

作为在学校里跟小白朝夕相处的影子老师,对学生的了解一定需要是全面而彻底的,只有充分了解学生的特性才能及时提出有针对性的问题解决策略。

这一方面影子老师与家长的沟通就显得尤为重要,在正式入校之前,我们就在游游老师建好的家庭微信群中提前做好充分沟通:比如学生喜欢什么活动、讨厌什么活动、出现情绪问题了会做什么、擅长什么、弱势又在哪里等等,最基本的预先了解,先做好基本准备,但更多的是面对一些未知的突发情况影子老师能够及时观察到那些引起问题的细节。

我们需要做的是：真切无误地理解他们，并改变我们自己的所作所为。

比如小白喜欢重复问问题或者说同样内容的话"医务室是干什么用的""鹦鹉受伤了怎么办""金钱豹和猎豹有什么区别""我跑得比狗还快"，这些看似无厘头的话语其实"内藏玄机"，他是在使用各种各样的方式尝试进行沟通，有时候是在确认自己的理解；有时候是为了缓解焦虑使自己安静下来；有时候也是自言自语，似乎是对过程和情境进行思维的分解，以便进行自我确认。张老师需要做的就是：聆听、观察、留心，通过一次意外受伤事件小白终于明白了医务室的作用且不再害怕进医务室；鹦鹉是小白新买的宠物所以很害怕它受伤；金钱豹和猎豹的区别是小白能够自己掌控的话题，所以一直通过这个问题来尝试进行沟通；小白之前一次在公园被狗追的经历让他印象深刻，所以一直强调自己跑得比狗还快。

树规则

影子老师与学生建立亲密关系是首要的，但更重要的是定位好自己的立场，也就是和学生之间建立起一定的规则，比如有话好好说、学校家庭通用的代币制系统、说过的话要算数等等。

小白刚开始的时候在课堂无聊时会跑到操场上去玩，张老师先问清楚原因（追问行为背后的具体动机），然后提示他可以在教室里做什么（喜欢的活动，或者简单的任务），想玩的游戏可以下课再出来玩，如果能够上课时间不跑出教室，就奖励一个小勾，同时跟家庭沟通一起制定一个课堂任务单。几次之后小白就可以在张老师的提示下安坐在教室里完成课堂任务。当小白课堂任务完成得很迅速但还没有下课时仍然会想跑出教室，第一次的时候张老师会跟小白沟通再坚持一分钟（让他自己数），再慢慢过渡到坚持五分钟，十分钟，同时给他以更多的感兴趣的选择，比如看课外书或者折纸，以坚持到下课。

2）对学校老师和管理者——有礼貌有担当

对小白这种"吃软不吃硬"的学生来说,老师越是严厉要求他就会越是要抗拒,比如会扔掉老师分发给他的材料。所以我们需要温柔而坚定!

刚开始需要张老师先辅助小白把扔掉的材料捡起来还给老师并道歉,提示他用语言表达自己的拒绝,而不是扔东西的行为,然后再跟他沟通拒绝做的原因。一段时间后发现同样的课堂内容小白在家里可以完成,那么在学校里抗拒的原因可能是害怕失败,就需要张老师进一步提供支持与鼓励,可以在家里完成一半的作品,把另一半带到学校在影子老师的辅助下完成;同时也要注意引导小白观察其他同伴的作品完成情况,自己的完成后也可以请同伴们来观赏自己的作品,注意给予他积极的体验感。

比如有一次在课堂上小白用纸杯做成了一个狮子(在家里练习过),任课老师就请小白到讲台前面介绍自己的作品,虽然他很"傲娇"地不愿意去介绍,但是在张老师的坚持下小白能够向同学们讲清楚自己的作品,并且下课后还特别激动,说要把这个事情回家告诉妈妈。

在家庭教育中家长也应该多鼓励学生积极参与,对于小小的进步也要给予恰如其分的夸奖,注重给学生积极的体验感,还可以给学生制作纪念册,专门记录学生的作品展示,时常带学生回忆,提升学生的自信心。

3) 对同学

有困难找同学

小白通常喜欢自己一个人玩,下课也不去找同学,张老师采用两种策略,其一是问题求助,比如当他没有带某一件文具时提示他向哪位同学借东西,小白能够逐渐认识班级里的 2-3 个人;其二是同伴关注,比如在完成某一件作品时,一方面要求小白可以观察同学们的情况,一方面也引导班级的融合小天使关注小白的作品,通常小白的作品都很让人惊讶(耳目一新)、很有创意,融合小天使也很愿意跟小白沟通他的作品。

大家一起玩

小白很喜欢玩的一项活动是抢绳子,但是他刚开始会去抢别的同学的绳子,通过张老师的提示和引导他能够先去询问同学是否能把绳子借给他,然后再邀请别人一起玩,会问同学"你能跟我一起玩扔绳子吗",刚开始小白只会抢别人扔的绳子,但是自己从来不扔,在张老师提示后他明白了游戏是要有来有往的,他也是可以扔绳子的。另外一个点就是如果同学拒绝跟他玩怎么办,张老师通常会引导小白向同学询问原因,同学们大多数时候都愿意跟他玩,拒绝他的时候可能是因为马上就要上课了,这个时候就要让小白理解他是在邀请别人一起玩,别人是可以拒绝的,但可以下次有空的时候再玩。

与小白共同渡过的这一个学期,让张老师对影子老师也有了更加深刻的认识:我们能做的,就是提高他们的基本能力,教给他们必要的技巧,建构起应对的策略,提供实际的支持,以便能够预防问题行为的出现,并自然而然地产生适当的行为。

2. 我所知道的影子老师|小光头的故事

游语影子老师　马老师

我现在做影子老师的幼儿园是一所公办幼儿园,园所环境优美,园方办学理念先进,行政思路清晰,老师愿意包容接纳,整体师资水平高。

从入园第一天起,我就始终本着"生态化"的思路去操作——孩子不是孤立地存在于幼儿园中,不是交给影子老师就了事了:影子老师要帮助幼儿梳理其在幼儿园的交际网络,最大程度地争取各方的协作。

园方的专业支持

1）行政人员

园长：清晨到校，总能看到园长巡视的身影。每次碰面，园长都会很亲切地和我打招呼，有时，园长也会很关心地询问小朋友的情况。这点点滴滴，都会让人觉得很温暖。

2）两教一保

（1）班主任×老师。

一位经验非常丰富的幼儿教师，获奖颇丰（之前还吃过×老师给的奖品小饼干嘻嘻）。在她身上，我学到很多智慧，也从她的一言一行中，感受到她为孩子付出的心血。

都说"班主任的态度是最重要的"。心态上，×老师给大家传递的是：

小光头是小弟弟，大家要做好大哥哥大姐姐的榜样。小光头也和大家都一样，有缺点（如不太懂得怎么和小朋友玩），也有优点（如数学很棒），小朋友之间要多看别人的优点（注：班里有些小朋友会起冲突，说着说着可能就互相指责了，×老师也是为了教育他们），互相帮助。

寥寥数语，不仅让小光头，也让班里其他孩子变得更好，实在高明。

这位老师开展足球活动要求两两一组，合作完成项目。×老师会根据情况，特意安排班里的"学习标兵"或"乖巧姐姐"或"调皮大王"做"小老师"，然后教小朋友具体的辅助技巧：如什么时候该口头提醒，什么时候需要走过去拉一拉……

每一轮过后，×老师会给予小老师及时的口头鼓励，指导小老师灵活调整辅助方式，让小朋友感受到自己努力的成就感。小老师最后还会被"点名表扬"实践证明，大班孩子非常接受这种奖励方式。

这三种小朋友都能对小光头进行"同伴辅助"，这么做一是用最棒的同伴支持，也在帮助影子老师的撤除，二是可以提高小朋友自身的本领，三是让"调皮大王"也来感受下当小老师的辛苦，起侧面教育作用。

（2）C老师。

C老师颜值很高，年轻有活力，深受小朋友喜爱。C老师同样也很专业、负责，她没有因为影子老师介入，就不管小光头了——她对每个小朋友都是一样的爱护和关注。

集体课是小光头比较难融入的活动，因为注意力、语言理解、身体感知觉特点的原因，小光头时常在座位上动来动去，四处看看，不好好听课。

C老师并没有因此忽视他，而是有机会就让小光头来回答问题。

导入环节，C老师问大家的可能是开放性问题，如描述自我和他人的感受、情绪想法：快毕业了，你有什么感觉？或需要根据故事/儿歌，自行组织语言回答的问题：为什么小老鼠要回自己家旨在引导幼儿锻炼表达能力。

对小光头则采取拆分问题的方式提问，尽可能多问事实类问题和简单描述问题：小老鼠害怕吗？它家住在哪里？……

（3）Z老师。

生活老师Z老师是个热爱生活的人，秀气干练。她每天都有很多事要忙，孩子的大事小情都要管。据说，小光头之前没少给Z老师"添乱"，但Z老师总是尽可能地照顾小光头。平时沟通，也会主动说一说影子老师不在时，小光头的进步和挑战。

班里养了蚕宝宝，Z老师每天都认真地帮蚕宝宝换桑叶、换便便纸。有一次，大家都围着看蚕宝宝，胆子大点的还会帮老师捏起蚕宝宝。

谁知，小光头只对蚕的便便格外感兴趣…说着就要去摸那些小黑点。因为蚕的便便是很好的肥料，所以X老师就建议Z老师带着小光头去给植物施肥（纸兜着蚕便便，倒进土里），通过实际操作让小光头了解蚕便便的作用。

哦，对了，小光头以前最喜欢的事就是"求抱抱"，看到Z老师就跑两步，一头扎怀里那种。后来马老师有意引导社交距离，毕竟是准备上小学的孩子啦!

（4）其他老师。

① 别班老师。

有的以前带过小光头,公共区域遇到,会主动和小光头打招呼,和他闲聊。

有的是"串班活动"班级的老师,看到小光头来,会主动引导其他孩子带小光头做游戏。

② 兴趣课老师。

男老师为主,都是有专业技能同时有教育经验的叔叔、大哥哥,会在课上给予小光头比较多的鼓励。

③ 保健老师。

每天晨检都会碰到,专业、细心、负责,有学习热情,会主动询问影子老师应对挑战行为的策略(如洗手时,朝水池吐口水)。

④ 校园卫士。

⑤ 门卫。

每天进出校园第一群打交道的人,也是幼儿在园安全的重要保障。进出幼儿园,马老师/家长都会要小光头有礼貌地和他们打招呼。(有一次门卫问我小光头是不是自闭症,我一笑而过没有正面回应,并委婉解释了我们行业的隐私规定,只说要麻烦您平时多留神,楼下操场做操时,孩子可能会乱跑。)

⑥ 保洁阿姨。

中年阿姨或年龄偏大的阿婆,对小朋友们感觉多是天然的疼爱。马老师引导小光头碰到就和阿姨们打招呼,给人有礼貌的印象。谁都爱有礼貌的小朋友,不是吗?

⑦ 厨房阿姨。

有一次晚吃完饭自己去送空碗,小光头不听指令,把碗放错地方,惹得阿姨有点恼火,马老师也当面严肃教育了小光头。后来马老师尽可能督促小光头和大部队一起吃完。平时下楼回家时,会刚好经过洗碗口,马老师会带小光头和阿姨们打个招呼,说句"谢谢阿姨"。

影子老师对班级管理的影响

1) 多一双眼睛/一双手/一张嘴

班里孩子不舒服要去保健室?

排队叽叽喳喳?

上课说闲话?

不分时机找老师告状?

帮忙系鞋带?

有问题没有被老师关注到?

......

幼儿园的孩子精力旺盛,安全、规则、卫生意识时刻不能松懈。影子老师在这些情况下,就是班里多的那一双眼睛,一双手和一张嘴,分担一点老师的压力。这点和游语定义下的影子老师责任是一致的:影子老师更是班级的助理老师,不应该是盯紧某一个孩子的特别老师!

2) 协助处理儿童的挑战行为

【帮个小忙,提前夸奖】

小朋友有时是在压力下,容易产生挑战行为,且一旦出现,可能比较难马上收住。而如果情绪比较平稳,有事做,有成就感,则不太会"惹事"。

影子老师会有意让小光头做帮忙关灯、帮忙捡纸这些小事,有时会拍下来,在图片上打个勾给他看,告诉他这是好的表现,要加五角星。那一上午,小光头都很乖,心情也很好。

在他还没"惹事"前,先观察判断环境中潜在的影响因素,合理规避,主动找小事让他做,做完及时表扬。

影子老师对小朋友的影响

1）照顾边缘小朋友

班里总有其他相对性格内向、能力偏弱的小朋友（如因家里照顾太精细，缺乏问题解决和动手能力），也有调皮大王想通过调皮捣蛋寻求关注，影子老师的存在，也能让这部分孩子获得心理支持和实际辅助。

比如一次午饭时间，马老师看到一个平时比较内向的小男生愣住半天不动筷子，便走过去询问，这才得知小男生想大便，但不知怎么报告老师，就自己憋着。老师们正忙着添饭加菜，管吃完的孩子不要太闹，督促吃得慢的抓紧时间，没有注意到他。

后来孩子去洗手间回来，对我腼腆地说了句：谢谢老师。

2）促进同伴交往

这是幼儿园的一类小朋友，她们多是女生，有天然的"当妈"的心。

其实小光头长得挺讨喜的，班里就有几个小姑娘经常围着他转，但无奈小光头不太懂友谊的可贵，对于热情的反而躲着。

对于这类小朋友，影子老师一方面会把握好主动出现的社交机会，引导小光头多多回应，根据话题适时发起。同时当她们太热情时，引导小光头表达自我的情绪想法甚至是委婉拒绝。

3. 蜗牛慢慢，阿斯融合在校园

游语影子老师　杨老师

学生情况：雨齐，7 岁，伴有读写困难，2017 年 9 月入读普通学校一年级。

主要情绪及行为问题：课堂随意走动、说话，影响班级课堂秩序；好奇心与动手能力有机结合，自我中心宝宝，能看到的东西都要去碰一下、玩一下，没有破坏公物的概念；"挥手舞拳"既是他自我刺激的方式也是他交往同伴的方式，因为不知轻重、空间知觉略差，手眼时常不在一个频道,偶尔会误伤同学(最关键问题)。

学校情况:某知名小学,校领导、年级教务、班级老师对雨齐的融合教育、对影子老师的进入持支持与欢迎态度。

实习老师进校园

以何种身份进入学生班级是很关键的一点,经过雨齐家长与学校、班主任老师的沟通,我最终以实习老师的身份进入了雨齐所在班级,与雨齐同桌,就此开始了我的"实习"生涯。

一个学期的影子老师结束了,简单谈谈我在陪伴雨齐过程中的感受。鉴于儿童本身的差异性,这仅仅是我的经验。

(1)不给孩子设限,不低估孩子的发展潜能。

对雨齐的未来我始终满含信心和期望,但面对他一次次的失败时,我也怀疑过他在某些方面的能力,过早给他下过错误的论断。

接手雨齐初期,对他的一个干预目标是让他在早上到校后,能自己主动理书包、跟上老师、同学节奏自己交作业,然后顺利进入下一个环节。两个月左右时,雨齐已经基本能做到到校后自己理书包、把作业摆到桌子上,但是却一直不能独立完成交作业。经过很长时间的观察后,我在每日小结中写到"由于交作业时班级环境比较嘈杂、雨齐的注意力广度不是太好,而且注意力容易被分散,使得他无法听到老师交作业的口令,同时作业还要分各种科目,这些因素使得他很难独立完成交作业……"。在我接近放弃,想着让他前面的同学每天特意提醒他乃至帮助他交作业时,有一天他突然就听到了老师交作业的口令,嘴里喊着"来来 来",并做出把本子递给前面同学的动作。那一瞬间我觉得这真是个奇迹,十分开心,接下来的日子,他继续一点一滴地进步。

现在,他已经从一个到教室后就往位置上一座,什么事情都要有人提醒他、帮助他的学生,变成了一个绝大多数时候能自己理书包、自己交作业的学生。回头看我当时的论断,自以为是的言之凿凿,真是不应该。

不积小流无以成江海,不积跬步无以至千里。跬步虽小,但始终是在前进! 即使我们的干预很多时候显得原地踏步,但谁知道这不是他在积蓄力量?

耐下心来,坚定信念,满怀希望,找到方法,持恒以继,永远尝试着引导他做得更好!

(2) 借力班级老师,引导学生情感走向。

雨齐因为入学初期有过不少不良记录,在同学们心中留下了不好的印象。所以可能他犯一点小错,同学们都会觉得:呀,雨齐又破坏东西了、又打人了、又不听话了。如果同学们对雨齐抱持这样的态度,那么雨齐接下来的学校生活肯定困难重重。这种时候,班级老师对同学们的情感引导就显得非常重要。令人高兴的是,雨齐的班级老师们真的非常棒。

思品课上,老师让同学们互相指出彼此在学校表现不好的地方以便改正。好几个调皮的同学收到了很多的建议和意见。如果这种时候有同学举手站起来说了雨齐一个不好的表现,可以想见接下来还将有无数个同学站起来。此时,老师先行框住了同学们的选择,主动让同学们来谈一谈雨齐有哪些进步。一轮下来,大家说出了雨齐七八个方面的进步。雨齐乐坏了,“哇,这么多同学夸我”。

经此一役,不能说雨齐就真的在同学们心中打了一个彻底的翻身仗,但当大家都在讨论雨齐的进步时,这对改变大家对他的不良印象一定是件好事。

作为影子老师,我能引导雨齐,也能引导和雨齐接触较多的同学,但这毕竟是少数,而且影子老师最终是要撤出的。而能最有效最持续地影响整个班集体的人一定是让同学们尊敬的、在学生心中有权威的老师。不管是班主任,还是任课老师,只有当他们理解融合教育,接纳雨齐,并为雨齐的融合推进时,雨齐的融合才是最有效的。

相信老师的力量,借力老师,是每一个影子老师都要学会的。

(3)把"老师不准我做"变成"我不可以做"。

儿童的世界里充满故事,善用故事对改善部分不良行为是很有效果的。

有一天,雨齐的下巴上破了点皮,而他刚好是那种不能控制住自己、一定要不停地去摸、去抠的孩子。本来很小的一个口子被他抠大了好几倍,贴了创可贴他依然要去抠,你告诉他这个不能抠、并时刻准备着制止他去抠的动作。但他还是控制不住,怎么办?

第二天我给他记了一个一本正经的科学谎言:雨齐,杨老师昨天看新闻,新闻说最近有科学研究发现,一个男孩子如果不停地去抠自己的下巴,会把自己的胡子抠掉,并最终变成女孩子。他盯着我,面露怀疑,和我确认这是真的吗? 真的(他前两天刚和我讨论过胡子,而且他是非常不愿意当女孩子的)! 编造一个"科学研究发现"的故事给他,谎言不是目的,抑制和改善他的不良行为才是目标。

雨齐依然还会伸手去碰触下巴,但此时我对他的提醒从"雨齐,不准抠下巴;雨齐,把手放下来"变成了"雨齐,你想变成女孩子吗"。最终,这个事情的变化是从我要阻止他做一件事,变成了他自己觉得不可以做一件事。过了两天,他的下巴好了,我要告诉他这个谎言吗? 暂时不需要吧。

(4)严防死堵终有漏,善疏重引方是道。

雨齐在学校最大的一个问题应该是他和同伴玩耍时常常不能把握好与同学的空间距离,在挥手舞拳的过程中会碰(打)到小朋友。

什么问题都是小事,但是碰(打)到人(不论是有意还是无意,雨齐是从来没有有意要打同学的,都是无意间造成伤害)一定是大事。针对这个问题,我采取过好几个方法,譬如不让他和那几个小朋友玩耍(这其实是阻断了他的社交，显然不可取）、要求并严防他不能使用"挥手舞拳"的动作（这是他自我刺激的方式之一，要阻止很困难）、让他用挠痒痒这个动作来代替（这不是同学们共有的一个方式）等，结果都不是太好，他依然还是会在和小朋友的玩耍过程中很自然地出现"挥手舞拳"。事实上，这个动作在小朋友们的玩耍和游戏中也是非常常见的。

几经失败并总结后，我选择不阻止他和小朋友们玩，但一直和他强调玩耍时要眼睛看着对方（当课间他和小朋友玩耍时，我一般都会在不远处看着，如果他有兴奋过度的情况我就及时出现），这样能让他看到对方是否忽然停下来以及自己和对方的空间位置。同时，我相信玩得多了，他对空间距离的把握也会更准确，更能把自己的动作保持在不伤害到同学的安全距离内。

在此，简单地谈及一下阿斯宝宝们的一个品质和一个能力：一是诚实的品质，一是为自己辩护的能力。

雨齐在这方面做得很好，首先他很诚实，不会说假话，面对老师的批评或者同学的指责，他做了的都会承认。同时，他没做的他能坚持说没做，不是他本意的他也能争辩。雨齐所处的班级对他非常包容、也很接纳他，但不一定所有的阿斯宝宝们都能如他这么幸运。

所以，让他们学会为自己辩解非常重要，但这里的一个前提是他们的话是值得相信的，他们需要有诚实这个品质为他的辩解做背书！而这对他们长大以后也非常重要。

（5）借力于同学，给他以权利。

老师的身份使得我与雨齐的地位是不平等的，而同学和他则是一个阶级的同伴，很多时候他们更亲密，彼此间更能鼓励和劝引对方去完成一件事情。

在训练雨齐自己理书包的早期阶段，面对我的提醒或者提示，他常常有一句话：我不理/不理书包。这话一说，他就真的可能不理了。而学校早上的时间是连贯而紧凑的,两分钟不理书包,后续的交作业、做早操等都将受到影响。为此,很多时候我期待着他能自己理书包,如果他不理,我也尽量不直接提醒他,远远地找一个乐于助人的同学去提醒他,他不会觉得同学是在命令他,反而更容易开始理书包。

这个年纪的小朋友多数都充满着对别人的爱、是乐于助人的,团结友爱、互相帮助在他们心中是一个要积极践行的好行为。而且,他们也能在帮助别人的过程中体会到成就感、肯定自己的价值。

同时,这也给雨齐和班级其他同学提供了彼此认识和交流的机会,这是雨齐融入这个集体,也是这个集体在接纳和融合他。

本周体活课上,雨齐第一次主动地跑去参与了同学们的石头剪刀布游戏。看着他和几个同学玩得不亦乐乎,那一瞬间我非常感动。不仅是因为他第一次主动参与进了集体的游戏,也不仅是因为大家和他玩得不亦乐乎,还因为我想到这群孩子长大以后一定能以更包容更柔爱的方式接纳像雨齐这类不一样的人。

给他以权利是什么意思?雨齐在心理上依然是典型的自我中心。日常的学习和生活中,为了提高他的积极性与参与性,我会给他机会,让他来掌握事件的主导权。比如让他考我生字、让他教我做数学、请他带我去其他地方找我"丢失的笔"(目的是让他熟悉校园环境)。

以提高他的能力为目标,以他当前的能力为基础,以他的兴趣为刺激,给他主导权,引导他主动投入到相关的任务和学习中去。

(6)同理他人,将心比心,感同身受。

多数阿斯宝宝们心智能力发展较弱,很难做到同理他人、将心比心。

雨齐算是典型的只图自己快乐,不懂顾及他人感受的孩子。随意翻弄别人的水杯、把东西放到同学餐盘、在我的本子上乱画、拨弄同学头发……怎么办?除了一遍遍告诉他这些行为不可取以外,有时我也把他的不良行为让他自己感受一下。

万语言传有时候也许真的不如一回身受呢?

(7) 事事有总结,天天有回顾,交流引导不止步。

雨齐虽然时不时总要出点问题,出问题的时候他可能胡搅蛮缠、歇斯底里,但他本性很好。我正确的建议他都愿意聆听、我严厉的批评他也完全接受。所以,每天只要有时间,通常是中午,或者是其他适宜的时候,我都尽量找一个让他觉得舒服的环境,和他聊天,在轻松的环境下和他完成一天的总结。内容主要是今天(或者这几天)的表现如何、哪个老师为啥夸奖了你,什么时候为何挨了批评,这件事情为何出了差错,接下来要怎么好好表现。

雨齐的认知能力足够他对自己行为的对错做出判断,我相信这每一日的小结对他一定有积极的作用。

当然,轻松的聊天不仅是为了和他完成一天的总结。儿童都是自己的哲学家,在这个过程里,雨齐更能说出自己的内心想法,把他已有的世界观、目前的个人信念(对的或者错的)呈现给我。这能让我更好地了解他,引导他。

(8) 影子老师话外有话。

作为雨齐的影子老师,和他相伴已经整整一个学期,我见证了他的进步,他也帮助我成长。

回头去看雨齐这一个学期的校园生活,也许没有我他过得更开心?不用被逼着哄着写作业,不用艰难地、反复地、生涩地抄写小本子,不用被催着逼着学做操,能是一个随心所欲的开心小朋友。但这样的开心可能是肤浅感官的、虚幻且不能持久的。因为他会长大,总有一天他需要尽可能地独立面对生活。

影子老师的终极任务是辅助孩子成为一个合格的学生,使他拥有良好的学校适应能力,最终融入班集体,与同学们一起成长。我是学生的影子,也是学生的拐杖,要和家长、学校、老师以及他的同学们共同努力为他的学校生活保驾护航。

雨齐的老师给他取了一个昵称——小蜗牛。我觉得这非常形象,他像是一只蜗牛,天生很慢,但只要他不停下爬行的脚步,他就有机会成为一只极速蜗牛,在自己的世界里,爬得最远、过得最好。即使不能追赶上他人,但一定是积极的自己。

4. 影子老师心得——陪伴一只优雅的小刺猬

游语影子老师　马老师

一只优雅的"小刺猬"

第一次见 BB,是在周末的社交小组课。与同组小朋友相比,BB 显得格外乖巧——不会跟小朋友抢玩具,不会光着脚跑出教室,不会哭闹个不停,不会一直不搭理人……然而在进一步的评估中发现,BB 在幼儿园主要在规则理解、关注集体指令以及社交上存在挑战。

在幼儿园,BB 做事慢条斯理的,可以把幼儿园午饭吃出西餐的感觉——轻轻地挑一点,优雅地抿一小口,悠闲地四处看看,如此慢动作重播……有的时候,BB 又像一只小刺猬,会用自己的方式,抵抗外界设定的大大小小的规则——足球课不愿排队,围棋课不听指示自行拿棋盖,抓棋子。如果这时下禁令,他也许会刻意那样做一下,试探你的反应,管教者会感觉像是本想要抓住小刺猬,结果被扎了一下。

应对挑战行为

1) 吃东西

半天幼儿园影子老师工作中,会经历两次吃东西的活动:点心和午餐。为了让 BB 吃快点,跟上"大部队节奏",我尝试过威逼(快点吃,不然我收起来咯)、利诱(快点吃,吃完给你巧克力/玩球),但效果都不是很理想。后来,我想了一招激将法:

"BB,我觉得你要二十口才能吃完吧!"

"十五口!"

"好啊,那我帮你数着。我们先五口五口地吃怎么样……1-2-3-4-5"

没想到,BB竟然很喜欢这个方法,就这样用"数5口法",大口吃完了全部的食物,还带动了同桌其他几个小朋友吃饭的积极性。

2) 集体课

参与集体教学对BB来说比较难。

一是因为BB身体要动,手要摸摸东西,而课堂一般要求安坐20分钟;

二是因为BB的生活经验有限,而所学内容比较抽象,与生活实际有一定距离(如中国功夫,瑶族舞曲,京剧脸谱等);

三是因为BB的语言理解和表达能力有限,而课堂活动的节奏比较快(如观看视频/图片,描述所见所想,动作演示等)。

基于这三点,为了适应儿童的个别化设计,我分别做了如下探索:

(1) 课前和BB玩"刹车"游戏,即以安全无声的方式晃动身体,满足一部分前庭刺激需要,保持上课的专注力,同时结合代币,告诉BB如果坐端正,可以给自己打一个√(喜欢自己打√)。

(2) 让家长向带班老师了解接下来一周将要学习的内容,在家提前预习。影子老师在课上根据需要,做"猫头鹰",即在BB耳边适当地复述,解说或提问等,帮助BB更好地接受教师的信息。

(3) 提前跟带班老师沟通,请她们给BB一些发言的机会,如设置几个简单的客观的封闭性答案的问题,有意请BB来回答并给予正向鼓励,以此提高BB的自信心,从而间接提高其课堂参与度(这一点比较适合本身有一定积极性和表现欲,但平时方法可能不太适当的孩子)。

和班级教师相处

（1）用专业知识解决教师困惑。

去做影子老师第一天,班主任就跟我说了 BB 午睡时的情况:入睡时间长,需要老师在旁边一直看着。听后,我跟家长建议买一个小小的按摩球,带到学校去,老师说效果很好,"给他自己捏一会就睡着了"(具体其实是我根据老师的描述,判断 BB 有一些触觉需要,所以准备这样一个小道具来替代性地满足触觉刺激需要)。

这件事让带班老师对专业的影子老师产生信任感,由此获得比较好的第一印象。

（2）协助教师管理班级。

排队是幼儿园的常规活动,但孩子们往往容易在活动转换的过程中变得很兴奋,与所要求的"队伍静又齐"不相符,带班老师有时难免要动肝火。

游语第二期在华师大的培训钮文英教授分享了一个"小蜗牛"的故事,大意是春游大巴上,孩子们叽叽喳喳,吵闹不休,老师于是跟孩子做了一个游戏。

师:我们一起来玩模仿小动物叫的游戏,看谁坚持的时间长!

生:好!

师:小狗怎么叫?

生:汪汪汪……

师:小猫怎么叫?

生:喵喵喵……

师:小牛怎么叫?

生:哞哞哞……

师:小蜗牛怎么叫?

生:……

（老师没有再问，孩子们保持沉默到下车）

一天午餐时气氛特别热闹，在征得带班老师同意后，我用培训中分享的故事跟小朋友们互动了一下，没想到竟然真的马上安静了下来！

这件事让我备受鼓舞，后来有一次在小便结束在厕所间门口排队，孩子们被门口一只小蜘蛛吸引，带班老师给孩子们介绍蜘蛛的特点，如"不要怕，蜘蛛是益虫，吃蚊子的，会在网上爬的……"然后孩子们陆陆续续小便完从厕所间出来了，有的围在门口继续看着，有的叽叽喳喳地说着什么，我灵机一动，对孩子们说："哦！我又发现一种不会发出声音的小动物！"孩子们马上反应过来："蜘蛛！"我说："对的，现在你们就是一群小蜘蛛了，快到老师的网上来。"我伸直手臂，假装是一条蜘蛛网，从排头到队尾，引导孩子们对齐队伍，同时说："小蜘蛛们都爬到网上来了吗？"队伍立刻变得安静整齐，孩子们还会在我走过时，跟我击掌。

很多家长包括我们服务过的国际学校的老师们都有一种认知：影子老师只是服务于一个个案的，要跟紧那一个个案才是做到了职责。但游语一直坚持，只有让班级老师认可影子老师是去帮忙而不是监督班级老师的才可能得到更多的主流老师及融合环境的支持与接纳。同时会十分注意教育距离的把控。

（3）肯定教师的付出，尊重教师。

幼儿园有足球特色课程，趁着午餐园长和班主任都在时，影子老师情不自禁地夸奖到：足球课好棒，大班孩子身体素质都不错啊。

得到大意回复如下：

"是吧，对身体很好的。园里有个孩子爸爸是申花替补，专业的教练，原来是幼儿园自己出钱请，后来教育局认可就给包了，还成立了区级的研究课题呢。"

"你们做得真好，给孩子们争取到这么好的资源！"

和班级其他孩子相处

（1）用儿童能理解的语言来对话。

班里有个小姑娘问我，为什么 BB 要坐垫子？他还老是乱动（是指之前推荐家长买的感统垫，主要是放在椅子上满足 BB 的前庭刺激需要，但这么解释给孩子听，显然行不通）。

我看着窗外的阳光，想了想说：如果你觉得鼻子有点痒，是打个喷嚏还是憋着？

小朋友：打喷嚏。

马老师：BB 上课有时想乱动就像人想打喷嚏一样，是不受自己控制的。但是上课不可以乱动，所以马老师就让他坐垫子上多活动几下，"把喷嚏打出来"，这样他就坐得很好了。

（2）采取通用的支持方式。

足球课上，给没认真听讲，或者空间感稍微弱一些的孩子拿出手绘简易视觉提示卡，指点路线，帮助孩子们熟悉行进路线。

教练的示范方式多是身体示范一两次，然后就基本上是口头提示了，但我知道有些孩子确实会容易"晕"，所以需要结合多种方式来"定位"，比如图示，手势标记，口诀等或者可以综合几种方式。

（3）保护孩子的天性。

图画课后，带班老师要求小组长收作品了，一个小男生跑过来，刚想给我介绍自己画的是什么（因为课上老师没叫到他展示），就被女生小组长拽走了，两人正要起争执之际，我先示意女生把画收走，然后对小男生说：我知道你是想给我介绍你的画，但小组长确实要收画了，她没有错哦。我听说记忆力好的小朋友，不看画也可以介绍清楚，你试试看？

然后小男生就兴奋地介绍了一通，介绍完我马上夸奖他：哇，你的记忆力真好啊！××地方真有创意！

参 考 文 献

[1] Su，X.Y.，Long，T.，Chen，L.J.，& Fang，J.M.（2013）.Early Intervention for Children with ASD in China："A Family Perspective"，Infants and Young Children，Vol 26(2)：111 - 125.

[2] 连福鑫，王雁.美国融合教育专业助手制度评析[J].比较教育研究，2016，38(1)：66 - 71.

[3] 刘杰,孟会敏.关于布郎芬布伦纳发展心理学生态系统理论[J].中国健康心理学杂志,2009,17(02):250 - 252.

[4] 王雁,王志强,程黎,等.随班就读教师课堂支持研究[J].教育学报,2013,6:67 - 74.

[5] 钮文英.拥抱个别差异的新典范——融合教育[M].台北：心理出版社,2009.

[6] 钮文英.身心障碍者的正向行为支持[M].台北：心理出版社,2016.

[7] 苏雪云.如何理解自闭谱系障碍和早期干预[M].北京大学出版社,2014.

[8] 陈丹,黄艳,杨广学(译).这世界唯一的你——自闭症人士独特行为背后的真相[M].机械工业出版社,2016.

[9] 苏雪云,朱霖丽.自闭谱系障碍儿童融合教育指南[M].上海社会科学院出版社,2018.

[10] 苏雪云,严淑琼.自闭谱系障碍儿童教育指导手册.上海市长宁区特殊教育指导中心,2014.

[11] Edward A. Polloway,林素贞译. 特殊需求学生的教材教法[M].

台北:华腾文化出版社，2014.

[12] 钱志亮. 儿童入学成熟水平测试量表[M]. 北京师范大学出版社，2013.

[13] 钱志亮. 入学早知道：儿童入学必备的八种能力[M]. 北京师范大学出版社，2011.

[14] Ron Leaf &John McEachin 主编,蔡飞译,孤独症儿童行为管理策略及行为治疗课程[M]. 北京:华夏出版社,2008.

[15] 刘春玲,江琴娣. 特殊教育概论[M].上海:华东师范大学出版社,2008.

[16] 黄伟合,贺荟中. 功能性行为评估与干预[M]. 华夏出版社,2013.

[17] 普瑞桑,菲尔兹·迈耶著,陈丹,黄艳,杨广学译. 这世界唯一的你：自闭症人士独特行为背后的真相[M].机械工业出版社,2016.

[18] 倪萍萍,周波. 如何发展自闭谱系障碍儿童的自我照料能力[M]. 北京大学出版社，2014.

[19] 吕梦. 如何发展自闭谱系障碍儿童的社会交往能力[M]. 北京大学出版社，2014.

[20] 朱晓晨. 如何发展自闭谱系障碍儿童的沟通能力[M]. 北京大学出版社，2014.

[21] 朱瑞. 如何在游戏中干预自闭谱系障碍儿童[M]. 北京大学出版社，2014.

[22] 孙玉梅. 自闭症谱系障碍儿童家庭支持系统[M]. 北京大学出版社，2015.

[23] Toni W. Linder 陈学锋、江泽菲等译. 在游戏中评价儿童——以游戏为基础的跨学科儿童评价法[M]. 上海：华东师范大学出版社,2008

[24] 王利丽.自闭谱系障碍儿童融合教育中影子老师的角色研究[D].华东师范大学,2015:3-5.

[25] 李爱荷.运用辅助沟通系统提高自闭症儿童沟通能力的个案研究[D].华东师范大学,2017.

[26] Shriberg LD，Tomblin JB. McSweeny JL. Prevalence of speech delay in 6-year old children and comorbidity with language impairment[J]. J Speech Lang Hear Res，1999,42(6):1461-1481.

[27] Allen DA，Rapin I，Wizhitzer M. Commnication disorders of preschool children：the physician's responsibility[J]. J dev.Behav Peds，1998,9(3):164-170.

法 律 声 明

　　《融合教育实践指南》系列图书由上海游语教育科技有限公司(以下简称"游语教育")编著。浏览和使用本系列图书,表明您已经阅读、理解并同意接受本声明。

　　游语教育保留更改和修订本声明的权利。

　　1. 版权声明

　　(1) 游语教育对本系列图书所有信息内容(除特别注明信息来源或由他方输入的信息外)包括但不限于文字表述及其组合、图标或图饰设计、图表绘制、色彩搭配等均享有完整的著作权等相关权益,受《中华人民共和国著作权法》等相关法律法规和中国加入的所有知识产权方面的国际条约、国际公约等的保护。

　　(2) 未经游语教育书面授权许可,任何单位或个人不得擅自扫描、复制、通过信息网络传播或其他方式使用本系列图书相关信息。游语教育鼓励针对未经许可盗版行为的有奖举报(微信 ID：yyjydai);也有权通过行政投诉、民事诉讼等方式追究侵权者的侵权责任。

　　2. 隐私声明

　　(1) 游语教育承诺保护本系列图书用户的隐私,包括但不限于所有个人信息。

　　(2) 本系列图书内所有个人信息均仅用于基本资料的填写;与个人身份信息无关的信息,将在法律法规及行业规范允许的范围内,用于有关项目的统计，以便为后续系列图书修订提供技术支持。

（3）自愿披露个人信息，如将系列图书借阅给他人、因个人原因造成丢失等引起的个人信息披露，可能会导致此种信息被他人收集及使用。

3. 免责声明

（1）游语教育对使用本系列图书引起的、任何依赖本系列图书内容而作出的决定或采取的行动不承担任何责任；对使用本系列图书而产生的任何直接的、间接的、惩罚性的损失，包括但不限于系列图书丢失、资料泄露或其他利益损失不承担任何责任。

（2）游语教育对第三人采用非法手段获取资料或个人信息而引起的任何直接及间接损害或损失不承担任何责任。